颠覆常规

——互联网时代企业如何创新

毕传福　编著

人 民 邮 电 出 版 社
北　京

图书在版编目（CIP）数据

颠覆常规：互联网时代企业如何创新 / 毕传福编著
. -- 北京：人民邮电出版社，2015.5
ISBN 978-7-115-38809-4

Ⅰ. ①颠… Ⅱ. ①毕… Ⅲ. ①企业创新—研究 Ⅳ.
①F270

中国版本图书馆CIP数据核字(2015)第053686号

内容提要

进入移动互联网时代后，市场竞争越来越激烈，企业如果不能开拓思路、及时创新，将随时可能被淘汰，因为速度、求新将是企业的决胜之道。

本书回顾了李彦宏、马云、雷军、马化腾等互联网精英的创业历程，系统总结了他们的创新理念，深入提炼了互联网企业创业、经营成功的管理精髓，对互联网企业管理者以及创业者在移动互联网时代的创新发展具有重要的启发意义。本书在每节之后还设置了创新启示模块，力求使读者获得举一反三的阅读效果。

本书适合创业者、企业管理者、职业经理人、企业培训师参考、借鉴。

◆编　　著　毕传福
　责任编辑　刘　盈
　责任印制　焦志炜
◆人民邮电出版社出版发行　　北京市丰台区成寿寺路 11 号
　邮编 100164　　电子邮件 315@ptpress.com.cn
　网址 http://www.ptpress.com.cn
　三河市潮河印业有限公司印刷
◆开本：800×1000　1/16
　印张：16　　2015 年 5 月第 1 版
　字数：150 千字　　2015 年 5 月北京第 1 次印刷

定　价：49.00 元

读者服务热线：(010)81055656　印装质量热线：(010)81055316
反盗版热线：(010)81055315
广告经营许可证：京崇工商广字第 0021 号

前言

随着信息时代的来临，移动互联网市场蓬勃发展，产品快速迭代已经是不争的事实。企业面临着较大的竞争压力，在互联网时代，谁能颠覆常规、推陈出新，谁就能在激烈的竞争中占得一席之地。为什么创新对企业那么重要呢？因为创新是企业不竭的生命力，只有优质、独特的互联网产品才能够占领未来的市场。

既然创新那么重要，在互联网时代企业应该如何创新呢？有人说创新就是完全依靠自主研发，将抄袭放在了创新的对立面，这种认识是否正确呢？我们可以以苹果公司为例来说明。MP3 不是苹果发明的，手机不是苹果发明的，平板电脑也不是苹果发明的，它却在此基础上推出了 iPhone、iPad 等风靡全球的产品，这就是创新。再说腾讯，很多人都认为腾讯是“模仿大王”，事实并非这样，就如马化腾所说模仿并不丢人，创新就是要站在巨人的肩膀上，为用户打造精品。

所谓创新，既可以是产品创新，也可以是管理创新，还可以是经营模式创新。不管是哪种形式的创新，颠覆常规都是企业应该把握的基本原则。在产品同质化现象日益严重的当下，做不出有个性的产品，没有独特的经营理念，企业是很难披荆斩棘、一路向前的。

互联网时代的到来，就像是大浪淘沙，造就了诸如马化腾、雷军、周鸿祎、陈年等互联网精英，他们在经营企业的过程中时刻表现出颠覆常规的创新，每个人都有自己独特的经营理念：马化腾认为变革的时代，应该有变革的决心；雷军倡导要成功就要颠覆世界；周鸿祎坚信要先自我颠覆，再做新市场；陈年提倡互联网企业不需要条条框框。他们依靠独特，甚至是近乎疯狂的创新方式来经营自己的“产业帝国”，也正是这些近乎疯狂的创新理念使他们获得了傲人的成就，让他们成为万人瞩目的焦点。

阅读本书，不仅可以让创业者了解到何为真正的互联网创新，还能帮助企业经营者汲取到互联网精英们的创新智慧。

如果您想探知互联网精英们的创新思维，如果您想借助他们的思维来增强自身的创新能力，如果您想在竞争激烈的互联网时代分一杯羹，那么，本书将是您的不二之选。

目　录

第一篇　周鸿祎：先自我颠覆，再来做新市场

第一章 CHAPTER 1　用户至上是成功企业追求的理念　//3

成功就是不断做出最酷的产品　//3

莫谈概念，概念都是正确的废话　//5

第二章 CHAPTER 2　互联网思维比技术更重要　//7

免费是最好的营销方式　//7

Think Different：就是要跟巨头反着干　//9

颠覆力来自侧翼　//11

第三章 CHAPTER 3　企业创新要颠覆市场游戏规则　//13

创新就是草根逆袭高富帅　//13

微创新才是真正的创新　//15

放弃原来的，先清零再做产品　//17

第二篇　李彦宏：企业经营可以走直线

第一章 CHAPTER 1　产品是企业的生存之道　//21

快速迭代是保持领先的捷径　//21

技术创新是产品提升的永动力　//23

打造不出航空母舰就组建远洋船队　//25

第二章 CHAPTER 2 视野广度决定企业高度 //27

一定要有向前看两年的眼光 //27

移动互联网时代需要平台化思维 //29

第三章 CHAPTER 3 有机管理塑造高执行力团队 //31

管理意味着找人才 //31

高举理想大旗，激励每一位员工 //33

危机管理：放弃，专注，创新 //34

第三篇 雷军：成功就是要颠覆世界

第一章 CHAPTER 1 把自己逼疯，把别人逼死 //39

高性价比是取胜之道 //39

做产品要真材实料不偷懒 //41

打造让用户尖叫的产品 //43

第二章 CHAPTER 2 用互联网思想武装自己 //45

小米的DNA就是互联网DNA //45

只在互联网上销售小米 //47

用“海底捞精神”做服务 //49

第三章 CHAPTER 3 企业发展需注重战略与战术 //51

“抢首发+期货模式”是小米模式 //51

“饥饿营销”是最合适的营销策略 //53

运营商是一个重要销售渠道 //55

第四章 CHAPTER 4 小米有一天要走得更远 //58

把企业做好，再考虑IPO //58

进军中国台湾：不是卖手机，是考试 //60

小米是颠覆性创新的东西 //62

第四篇 马化腾：动荡的行业，要有变革的决心

第一章 CHAPTER 1 始终把自己当成产品经理 //67

以产品经理的心态做产品 //67

把产品核心能力做到极致 //69

产品创造要以用户体验为依归 //71

第二章 CHAPTER 2 互联网企业思维决定发展 //73

精品打造一刻都不能放松 //73

模仿并不丢人 //75

“稀缺性”是破解免费魔咒的武器 //77

第三章 CHAPTER 3 “灰度法则”促进企业发展显奇效 //79

容忍失败，适度浪费 //79

小步快跑，快速迭代 //81

自我进化，自我成长 //83

第四章 CHAPTER 4 “丛林法则”转向“天空法则” //85

互联网新时代更崇尚“天空法则” //85

共赢才能长远发展 //87

开放是态度，更是能力 //89

第五篇　马云：企业发展策略高于经营

第一章 CHAPTER 1　优秀的商业模式往往是最简单的　//95

小就是美　//95

为虾米服务，放弃追逐鲸鱼　//96

看得清的模式不一定是最好的模式　//98

第二章 CHAPTER 2　创新需要独特的角度　//99

项目独特才能吸引人　//99

创新要能创造实用价值　//101

怕犯错误，就不会有明天　//102

第三章 CHAPTER 3　企业的成功在于团队的成功　//104

成功是整个团队带来的　//104

唐僧团队是天下最好的创业团队　//106

第六篇　贝索斯：移动互联网正变革着世界

第一章 CHAPTER 1　用一万年的远见做企业　//111

花别人的钱建自己的网　//111

多元化投资百利而无一弊　//113

度过寒冬要“抱团取暖”　//115

第二章 CHAPTER 2　创新让企业焕发新的生机　//117

创新需要进行破坏性创造　//117

创新要有前瞻眼光和开放精神　//119

云服务是亚马逊的一粒种子　//121

第三章 CHAPTER 3 管理要从长远角度出发 //123

让团队成员成为企业主人 //123

逆向工作法：探索新技能并加以磨练 //125

第四章 CHAPTER 4 公司崛起于优秀的企业文化 //127

企业要找有特点的人才 //127

没有用的地方一分钱也不能浪费 //129

主人翁精神做事，核心价值观做人 //131

第七篇 陈年：互联网企业不需要条条框框

第一章 CHAPTER 1 VANCL 就是要胡做 //137

不要为模式而模式 //137

凡客不可能做尽天下所有品类 //139

第二章 CHAPTER 2 营销是对人性的理解 //141

“凡客体”是源于自我表达 //141

“凡客达人”是移动互联时代的下一张牌 //143

微博营销：做到像朋友一样交流 //145

第三章 CHAPTER 3 凡客要聚焦正能量 //147

竞争者越多越好 //147

回到诚实 //149

挑战乃是常事，这就是正能量 //151

第八篇　陈欧：产品服务是核心，品牌塑造是关键

第一章 CHAPTER 1　产品质量是核心　//155

宁愿进货不赚钱，也不为自己增加风险　//155

质量有保障就不怕打价格战　//157

第二章 CHAPTER 2　提供令人满意的服务是保障　//159

电商做好服务才有市场　//159

创新式服务催生购买力　//161

微博、微信是提升服务质量的保证　//163

第三章 CHAPTER 3　轻松、娱乐营销是关键　//165

聚美优品一直在做娱乐营销　//165

娱乐营销要做到创新　//167

线下体验让营销最具竞争力　//169

第九篇　于刚：以科技力破局，以革命力发展

第一章 CHAPTER 1　技术促进电商的飞速发展　//173

技术是电商的核心竞争力　//173

一站式购物App最具竞争力　//174

多样化的购买方式可以增强竞争力　//176

第二章 CHAPTER 2　勇于做第一个吃螃蟹的人　//178

创新左右着电商的命运　//178

抢占先机，才有竞争优势　//180

够时尚才能吸引时尚人　//182

第三章 CHAPTER 3 | 规模、速度、求新是电商决胜之道 //184

电商需规模化生存 //184

决策速度比决策质量重要 //186

不革自己的命，别人就会革你的命 //188

第十篇 任正非：国际化是华为的终极目标

第一章 CHAPTER 1 | 质量和服务是走出国门的根本 //193

忽略质量是自杀，或杀人 //193

客户是华为之魂 //195

以客户价值观为导向 //197

第二章 CHAPTER 2 | 成长速度合理方可促进企业发展 //199

成长速度不合理企业会死亡 //199

让听得见炮声的人来决策 //201

第三章 CHAPTER 3 | 向世界上第一流的公司看齐 //203

企业应该培养国际化的视野 //203

竞争中要坚持“深淘滩，低作堰” //205

靠“本地化战略”制胜 //207

第十一篇 陈天桥：企业经营必须全身心投入

第一章 CHAPTER 1 | 竞争要不战而屈人之兵 //211

用户需要什么就来满足什么 //211

产品质量和企业运营是制胜的关键 //213

竞争是存在的，百花齐放是主流 //215

第二章 CHAPTER 2 没有眼光发展就是空谈 //217

企业战略要不断突破 //217

没有危机意识，才是最大的危机 //219

第三章 CHAPTER 3 盛大成功于管理 //221

盛大只用三种人 //221

像管理游戏一样管理公司 //223

盛大是文化企业 //225

第十二篇 傅盛：做好自我，才能走出去

第一章 CHAPTER 1 产品要真正贴近用户的需求 //229

产品设计，要做到尽可能简单 //229

产品打造要注重“前置体验” //230

注重安全：高档的别墅公寓同样要装门 //232

第二章 CHAPTER 2 管理三段论：目标简单 + 路径清楚 + 资源有效 //234

目标要简单到“极致” //234

要低头拉车，更要抬头看路 //236

投入有效资源 //237

第三章 CHAPTER 3 大公司可以常青，小公司也能成功突围 //239

自我攻击是大公司保持活力的重要手段 //239

立体化竞争更具竞争优势 //240

每个成员都要具备互联网的结点能力 //242

01

第一篇

周鸿祎：先自我颠覆，再来做新市场

第一章
用户至上是成功企业追求的理念

成功就是不断做出最酷的产品

我自己定义的成功就是不断做出创新的产品，做出最酷的产品，影响几千万人甚至更多人的生活和工作，我觉得这是我最享受的东西。

——摘自周鸿祎答记者问

在360的发展过程中，周鸿祎最注重产品，他一直都要求自己为用户制造出更多、更酷的产品。在周鸿祎看来，产品能够影响几千万人的生活是最让他享受的事情。周鸿祎把这一经营理念贯彻在产品打造的每一个环节，这也使得360能够在安全市场拔得头筹。

2005年9月，周鸿祎创建了奇虎360。当时，360的主要业务是社区搜索。为了能够创造出最酷的产品，周鸿祎带领团队独创了PeopleRank搜索技术，这种搜索技术兼具了杀木马、防盗号、全免费、保护上网安全等功能，有效遏制了木马病毒。同时，这一技术还能够对论坛和博客中极具价值的内容进行有效抓取和识别，利于网民阅读。这一技术在当时是极酷的，受到了网民和互联网服务商的喜欢，奇虎网因此成为了网民休闲娱乐的主要平台。

之后，互联网上出现的各种恶意软件给互联网用户带来了很大的困扰，而当时能够有效遏制恶意软件的软件却相当匮乏。周鸿祎立刻瞄准这一方向，于2006年7月，推出了专业查杀恶意软件的“360安全卫士”。这款软件拥有查杀木马、清理插件、修复漏洞、电脑体检、电脑救援、保护隐私等多种功能，还独创了“木马防火墙”功能，可以全面拦截各类木马，极大保护了用户的账号、隐私等重要信息。这样一款炫酷的安全软件，受到了互联网用户的极大欢迎。目前，在4.2亿中国网民中，首选安装360安全卫士的人已超过3.5亿。

周鸿祎一直没有停下制造最酷产品的脚步，他把成功定义为能为用户打造最酷的产品，正如他所说：“不管是奇虎还是360，对我来说最大的乐趣就是不断打造新的东西。我喜欢Google和苹果，并不是因为他们的每个产品都能挣钱，而是因为他们的产品都是很酷的、有意思的。”从中我们不难发现，“酷”这个字在周鸿祎打造产品的过程中占据着非常重要的地位。

一位业内人士曾这样评价他：“周鸿祎在产品和技术上都很有天分，很像乔布斯。”周鸿祎最崇拜乔布斯，他以乔布斯在用户至上的基础上打造出一款款极酷的产品而取得成功的案例中，看到了用户至上的重要性，所以他把用户至上当作打造产品的依据。这样打造出来的极酷的产品为360带来了巨大的用户数量，在用户经济的互联网时代，360想不成功都难。

因此，企业发展的关键就是要做到用户至上，不断做出酷的产品。曾经出现过的“电子邮箱大战”为我们证明了这个道理。当时占据市场主导地位的是263邮箱，然而263邮箱突然宣布要向用户全面收费。于是，用户纷纷放弃263邮箱，转向免费的网易邮箱。这一做法给263邮箱带来了毁灭性的打击。所以，企业的产品要想受到用户的欢迎，必须要做到用户至上，要够酷。

创新启示

企业经营不可急功近利，不能为了赚钱而赚钱，关键是要为客户打造足够酷的产品，必须在产品特色上下工夫。同时，企业在打造或者推行产品的时候，要时刻做到用户至上，要按照用户的需要与喜好打造产品。

莫谈概念，概念都是正确的废话

谈概念，我觉得最乏味，因为概念都是正确的废话。概念正确，并不意味着消费者一定要用你的产品。

——摘自周鸿祎在《中国企业家》发表的文章

在打造产品的过程中，周鸿祎崇尚实实在在地为用户解决问题，而不是空谈概念。没有用户喜欢空谈理念的企业，因为产品的理念与他们无关，他们只关心产品能否为自己解决问题，带来利益。360 正是依靠不断为用户解决问题而使自身得到不断的发展。

从 360 诞生的那天起，周鸿祎就一直在为用户实实在在地解决问题而忙碌。360 安全卫士、360 免费杀毒、360 安全浏览器等一系列拳头产品，都是在为用户解决问题的过程中不断改进、完善的，所以这些产品一直受到大多数网民的喜欢。周鸿祎“不谈概念，只为用户解决问题”的理念一直延续至今，这一理念充分体现在其为网络安全方面做出的努力。

现如今，互联网欺诈现象普遍存在，用户在网上购物时存在一些安全隐患，用户迫切需要一种安全的购物环境。360 顺应用户需求，推出了“网购先赔”承诺，如果用户在购物的时候遭遇欺诈，360 将实施先行赔付，这无疑让用户在购物的时候更加安心。

此外，针对困扰网民的不安全网站问题，360 推出了网站安全检测服务，为用户提供页面安全检测、漏洞攻击拦截和流量攻击拦截等服务；针对困扰手机用户的骚扰电话和垃圾短信问题，360 推出了 360 手机安全卫士，成功实现对骚扰电话和垃圾短信的拦截，为用户提供干净、安全、有效的无线安全服务。

除了实实在在地为用户解决问题以外，周鸿祎的“三个凡是”理论更显现出了他做产品的实用风格。周鸿祎在与微博网友互动时说：“凡是用户提出的问题，一定要追根溯源，找到问题的原因，从用户的角度制定解决方案；凡是负面的信息，一定要找到可以改进产品的启发点；凡是竞争对手的产品，必然有可供我们学习借鉴的优点。”

为什么周鸿祎讨厌谈概念，而重视实干呢？在他看来，概念都是空话，不是最实用的东西，而用户最关心的不是概念，而是能为他们解决什么问题。正如他在《中国企业家》上所说：“谈概念除了自娱自乐，在行业里混点名声外，根本难以影响到用户。用户使用你的产品，他们只关心你做的是什么东西，能为我解决什么问题，他们根本不会听你背后的理念。”

周鸿祎的产品打造理念带给企业经营者的启迪就是，在打造产品的时候不要空喊口号，不要口头描述自己的产品多么出色，而是要拿出响当当的、实用的产品。企业经营者需要时刻谨记，唯有能为用户解决问题的产品才能真正得到用户的欢迎。

创新启示

概念只是理论性的东西，出色的概念即使能够在行业里博得满堂彩，也未必能够让用户喜欢，用户关心的永远是产品的实用性。所以，企业在打造产品的时候，要以用户至上为根基，努力打造出能为用户解决实际问题的产品。

第二章 互联网思维比技术更重要

| 免费是最好的营销方式 |

我认为免费是最好的营销手段，因为它不需要制作很多的广告去做推广，本身就能形成口碑。

——摘自周鸿祎博客文章

周鸿祎是国内为数不多的公开谈论“免费”，并且高调实行“免费”的企业家，周鸿祎缘何如此看重“免费”，因为在他看来“免费是最好的营销方式”。

早在2005年，周鸿祎就已经深谙“免费是取悦用户、抢夺流量的有效手段”的道理。当时，周鸿祎以天使投资人的身份先后投资了迅雷、酷狗、火石、Discuz! 等互联网公司。虽然周鸿祎明白不能干涉企业的经营活动，但他还是坚定不移地向每位创业者灌输“免费”的理念。周鸿祎告诉创业者们：“真正的互联网公司是提供免费软件的公司，收费公司不过是软件倒卖公司，至于商业模式，等用户数量达到一定的量级之后，是迟早的事情。”

周鸿祎真正践行“免费营销理念”是在创办奇虎360之后，身为奇虎360总裁的周鸿祎继续高举免费大旗，以此来做大安全市场。其中，最典型的就是360安全卫士为广大网友免费提供杀毒服务。

2006年7月，360安全卫士宣布为广大网友免费提供杀毒服务。在推广免费杀毒服务之前，360通过代理其他品牌的杀毒软件，每年能有将近两亿元的收入。放弃了这么多的收入，自然招致投资人的反对，投资人劝说周鸿祎，让他等公司上市之后再推行免费杀毒软件。面对投资人的不满，周鸿祎给他们讲道理："杀毒免费是未来的趋势，如果是一直收费的话，360 杀毒软件最终是赚不到钱的。安全会很快成为互联网的基础服务，如果我们依旧按照收费的模式来经营，就会被他人革命，与其等着被别人革命，还不如自己来革命。否则，结果就会很惨。"

在周鸿祎的一再坚持下，360 杀毒软件最终实现了完全免费，由于 360 杀毒软件免费又好用，所以，用户量瞬间暴涨，竞争对手的用户很快被吸引了过来。

实际上，"免费"在整个营销过程中，扮演的是吸引用户的角色。互联网经济就是用户经济，互联网企业唯有用户够多，才能赚钱，而免费是最能吸引用户的手段。正如周鸿祎所说："一千万元，在中国打一个广告连个响儿也没有，还不如给几千万用户做一个免费的产品。这几千万用户用了产品，就建立了对品牌的认知、忠诚、信任，这比广告有效得多。"企业发展的最大壁垒是品牌，而不是技术，"免费"对企业品牌口碑的形成有很大的推动作用。有了口碑，用户就会增长；有了用户，赢利就不是问题。

现在，互联网企业遇到了"收费即死"的困境，互联网企业要想活，就要探寻"免费"的赢利模式。实质上，"免费"并不是真正意义上的免费，而是靠免费吸引用户、形成口碑，然后通过增值服务或其他产品收费。这种方式已经成为互联网企业普遍的成长规律。盛大通过推行"游戏免费、道具收费"的策略，给盛大带来了突飞猛进的发展；Google 崇尚免费策略，推出免费的图书馆资料检索、照片管理、地图、邮箱、办公软件等服务，最终成为全世界最大的互联网公司。所以，互联网企业靠"免费"模式不仅可以赚到钱，而且可以做强做大。

创新启示

互联网企业要想做大做强，就要拥有雄厚的用户基础，吸引用户仅仅靠广告是很难达到理想效果的，唯有以免费的模式来做产品，才能达到事半功倍的效果。免费不是完全的免费，而是要在基础服务上免费、在增值服务上收费，以此实现企业赢利。

Think Different：就是要跟巨头反着干

我非常推崇苹果公司的一句话："Think Different"。我对这句话的理解，就是"反其道而行之"，即大公司有资源、有实力做的事情，小公司一定不要跟风做。

——摘自周鸿祎《中国经营报》问答

互联网时代，当大多数企业都在跟着巨头脚步走的时候，360 却喜欢与巨头们反着干。"Think Different"，对于源于苹果公司的这句话，周鸿祎倍加推崇，他认为，这句话的意思就是"反其道而行之"，也就是说，在移动互联网时代，一定要与巨头们反着干，这样才能闯出一条新路。

众所周知，360 是靠查杀流氓软件崛起的。而在当时，杀毒软件是无钱可赚的，所以很多大型互联网企业都不愿意做。然而，周鸿祎反其道而行之，打造 360 杀毒软件，360 也以此作为起点，并越做越大。

周鸿祎"反其道而行之"的经营理念不仅体现在打造 360 杀毒软件上，而是渗透于每一个产品的打造中。

首先，在搜索产品方面。搜索行业存在很大的发展空间，因为行业内的大多数公司在用户体验上做得并不出色，而是热衷于做搜索技术。360 搜索却反其道而行之，注重用户体验，而不是一味地看重搜索技术。对此，周鸿祎有如下观点。

我做产品，很多灵感都来源于用户。这不是说去询问用户应该如何做产品，这是不能直接问的，而且一个用户的具体需求不能听，这样只会被用户牵着鼻子走。企业需要把自己置于用户情景中，想一想用户为什么会这么想，用户抱怨的原因是什么，产生问题的根源在哪里。通过这一系列的思考，就会发现，你想得再好的产品，也会存在很多问题。人在做产品的时候都会不自觉地按照自己的想法做，只有从用户的思维模式出发来打造产品，才能做出成功的产品。

我一直在强调用户体验的重要性。作为行业专家，我们很少从用户的角度出发去考虑问题，这主要是因为我们在行业里混久了，经常参加行业的高端论坛，我们讲一个道理，同行一定是认同的，而做一个产品，也一定能够得到同行的认同。但是，高端人群认同的产品不一定能得到中低端人群的认同，高端用户和真正的主流用户之间存在着一个巨大的鸿沟，谁能做到从用户角度出发，谁就能够跨过这个鸿沟，从而取得成功。

在竞争日趋激烈的移动互联网时代，中小企业要与大公司们比技术，自然是比不过的，只有在用户体验上做好，才能争得一席之地。

其次，大打“开放牌”。一些互联网企业注重自身内容产品的打造，依靠打造出色的移动互联网产品将流量引到自己的网站上来，然后通过搜索打造封闭的生态链。周鸿祎却不赞同这些企业的做法，他大打“开放牌”，在垂直内容方面，寻找众多合作伙伴，由他们负责做好内容，而360要做的就是把用户流量倒给他们。

这就是周鸿祎在移动互联网时代的产品打造逻辑。周鸿祎崇尚“颠覆式创新”，这个移动互联网时代的“搅局者”，喜欢在商业模式上与巨头们反着来。“Think Different”这句源于苹果公司的至理名言，在周鸿祎的身上演绎得淋漓尽致，周鸿祎也因此成为移动互联网时代一道亮丽的风景线。

创新启示

互联网企业的巨头们资源丰富、实力强大，他们可以轻松做成移动互联网产品，他们能够做成的事情小公司不一定能够做成。如果巨头们做什么小公司就做什么，很快就会被淹没掉。所以，小公司一定不能跟风做，而要做巨头们不屑于做的事情。

颠覆力来自侧翼

颠覆的力量一定是来自于那些老大哥们不屑一顾的事情，或者是他们根本看不清、看不懂的事情，甚至是他们嘲笑的事情。

——摘自周鸿祎博客文章

360的成功与周鸿祎的经营策略有关，周鸿祎一直在做互联网巨头们不屑一顾的事情。这样的企业经营策略使360茁壮成长起来，成就了今天的强大。

周鸿祎把360的成功归结于侧翼作战。所谓的侧翼作战就像是周鸿祎在博客文章中所说的那样，在老大哥们不屑一顾、看不清，甚至嘲笑的事情上发力。周鸿祎的经营策略不无道理，互联网企业存在着疯狂的并购，如果一家小企业做出的东西被互联网巨头们看重，带来的直接后果不是被收购掉，就是被巨头们同样的产品击垮。因为互联网巨头们财大气粗，有充足的资源优势，也有深厚的平台优势。

周鸿祎看到了这一点，因此他一直在做互联网巨头们不愿意做的事情，并且把它们做得很大。

2006年，流氓软件横行，用户们迫切需要一款可以查杀流氓软件的应用软件，市场需求非常强烈。但是很多杀毒软件公司看不到这一点，一些杀毒软件公司虽然看到了市场需求，但是都不愿意为此大费周章。

周鸿祎看到了用户需求和其中蕴藏的市场潜力，于是推出了具有查杀流氓软件功能的360安全卫士。周鸿祎的做法虽然招致众多互联网企业的反对，但是也因此获得了一大批忠实的用户。这为 360 后来的发展壮大打下了良好的基础。

这仅仅是周鸿祎侧翼作战的一个缩影，在后来经营 360 的过程中，周鸿祎做 360 免费杀毒和 360 浏览器都是这一经营理念的体现。从中不难得出，企业，特别是互联网企业，在发展的过程中一定要从侧翼出发，尽量避免做巨头们正在做的事情，否则，最终带来的后果很可能是毁灭。

在互联网时代，不乏依靠侧翼作战壮大的企业。俞永福在做 UC 的时候，目标是把它打造成一款“把互联网装入口袋”的主流手机浏览器，这一侧翼作战策略，让 UC 成为全球使用量最大的手机浏览器；胡泽民在做 91 的时候把它定义为得力的手机助手，91 助手全面支持 Android 及 iOS 两大主流智能平台，是跨终端、跨平台的智能手机资源下载中心，用户不仅可以通过它高速便捷地下载海量 App，还能够一站式获得主题、壁纸、铃声、视频等内容，这一策略使 91 助手的用户数量已突破了一亿。

互联网企业之间的竞争是激烈的，小企业要想在夹缝中存活，并发展壮大，就需要做到周鸿祎所说的“侧翼作战”战略。然而，并不是侧翼作战就一定能够成功，在选择好要做的事情后，就要把自己的资源聚集起来，打造一款让用户喜欢的产品，如此才能最终壮大。

创新启示

进行互联网创业时，企业管理者要选择那些互联网巨头们看不到或者不愿意做的事情。然后，聚集所有资源打造产品。在产品打造的过程中，切莫被巨头们盯上，等到羽翼丰满之后，再来与巨头们叫板。

第三章
企业创新要颠覆市场游戏规则

创新就是草根逆袭高富帅

创新就像是草根逆袭，如果简单地把创新理解为发明，那绝不是我们这种人能干的。

——摘自 2013 年搜狐财经未来大讲堂周鸿祎讲话

对于企业经营究竟要不要颠覆式创新，不同的企业经营者有不同的想法。面对互联网的冲击，很多企业经营者顾此失彼，往往不能做到颠覆式创新。然而，在周鸿祎看来，唯有能够做到颠覆式创新的企业，才能从草根发展成高富帅。

互联网技术的每一次更新换代，都带来了信息创造者和拥有者的重组变更。到了移动互联网时代，实时、直接的连接进一步降低了用户间、用户与品牌间的沟通成本。通信技术的发展带动了移动端碎片化时间利用率的提升，消费者的话语权大幅增加。此时，如果仅仅依靠传统的思维模式来思考问题、经营企业，那么企业发展就会停滞。

面对来势凶猛的移动互联网时代，传统的互联网公司逐渐被移动互联网颠覆，很多行业也在被摧毁，很多行业被重新塑造。在冲击的过程中，各行各业出现的最大问题是不能做到颠覆式创新。周鸿祎特别重视颠覆式创新，正如他所说："面对互联网的冲击和颠覆的时候，最重要的不是技术，而是能否做到颠覆式创新，能不能让自己的企业转变成移动互联网的基因，是否能够运用移动互联网考虑问题的方式来思考问题。”

什么才是真正的颠覆式创新，周鸿祎为我们做了具体说明。

“颠覆式创新就是把他人做过的事情换一种方式来做。”周鸿祎的这个论点极具现代意义。周鸿祎曾经多次强调，不管在任何时代，企业要做到颠覆式创新，就不要只想着做别人没做过的事，而是把别人做过的事情换一种方式来做。特别是到了移动互联网时代，很多企业都在寻找蓝海。但是，在中国很少有蓝海，因为很多领域已经被人占领了。即使是发现了一个蓝海，不久就会被大公司占据。所以，中国到处是红海。要想在移动互联网时代占据一席之地，就要换种方式作他人做过的事情，而不是毫无头绪地寻找新的领域。

“企业要成为新的市场格局的建设者。”周鸿祎用这句话告诉企业经营者要勇于突破市场格局。作为颠覆论的倡导者，周鸿祎也常常被扣上“破坏者”的帽子。但是周鸿祎却不以为然，在他看来，自己“是一个市场自由竞争主义者，唯有打破垄断，通过竞争去讨好消费者，产业才能健康发展”。基于这样的思想，周鸿祎认为自己并不是产业的破坏者，而是新的市场格局的建设者。不管在任何时代，作为后来者一定要想办法打破已有格局和游戏规则，突破现有优势企业的商业模式，只要对用户有好处，就一定要发展下去。

“商业上的颠覆是指成为市场主流，目的是为用户创造价值。”这是周鸿祎对颠覆式创新的进一步阐述。从中我们不难看出颠覆式创新要以“创造用户价值为依归”。如果产品或服务真的给用户提供了物超所值的投入，那么企业就一定可以找到做强做大的机会。其中重要的一点就是要把用户体验当成开展商业的根本。企业要始终把用户的期望放在首位，要时刻考虑自己的产品能为用户解决什么问题，创造什么样的价值。因为用户根本不会关心谁的技术好，他们关心的是自己的需求是否能够得到满足，是否能够达到自己的期望。

所以，企业经营者要想从草根逆袭成高富帅，就要进行创新，并且需要颠覆式创新，要敢于在满足用户需求的基础上打破常规。

创新启示

不管在任何时代，企业经营者都要在颠覆式创新上下工夫，依靠打造让用户满意的产品，通过创新来经营企业，最终走出一条属于自己的企业发展之路。时代在不断发展，消费者已经迈向了新的消费理念阶段。所以，企业经营者只有率先进行颠覆式创新，才能从草根逆袭成高富帅。

微创新才是真正的创新

我们做新产品的时候，也是用微创新的哲学。

——摘自周鸿祎《经理人》记者问答

微创新的概念始于 IT 业。随着创新意识渐渐深入人心，微创新的概念被大多数行业所接受。在企业家们的眼里，如果把微创新的概念从 IT 行业移植到移动互联网行业，定然能为企业发展发挥更重要的作用。

那么，什么才是互联网时代的微创新呢？周鸿祎给出的解释是“基于用户体验的创新”，这种创新是决定产品能否受到欢迎的关键因素。具体到产品本身就是从用户体验的角度出发，不断做出各种微小的改进。这种微小的改进或许不能起到立竿见影的效果，但是只要坚持下去，每天都改善 1%，甚至 0.1%，长久下来，就能取得很大程度的改善。

360 的崛起与壮大充分说明了微创新的重要性。清理系统垃圾、用打补丁代替杀木马、专杀流氓软件……其中的每一项功能都是依靠微创新创建起来的，正是依靠微创新创建的软件，才成就了今天的 360。互联网时代，360 在微创新方面做得很出色，而在移动互联网时代，360 做得同样出色。

周鸿祎创建360浏览器的初衷是让用户在使用浏览器的时候避免过多的障碍。为了解决这些障碍，360在邮件通、微博提醒、网银控件等方面进行了改进与完善。邮件通、微博提醒的设置是为了让用户及时注意到有可能错过的东西，而网银控件的设置是为了提醒用户网银是否可用。

360浏览器的微创新不仅仅体现在这一方面。曾经有一段时间，360浏览器的用户不能使用支付宝完成支付。周鸿祎感觉到这个问题比较严重，于是开始着手调查其中的原因。但是，经过调查发现，用户不但用360浏览器没有办法支付，用IE浏览器也不能完成支付。周鸿祎意识到问题不是出在360浏览器上，而是另有原因。为了最终解决这一问题，周鸿祎通过与支付宝用户进行沟通，并进行现场操作，最终查出了出现此问题的根源是JS引擎被反注册了。针对这一问题，360立即做了一个修复工具，帮助用户自动修复JS引擎被反注册的问题，最终解决了用360浏览器完成支付的问题。

360将每天遇到的诸如此类的问题解决方案，汇总生成动态数据库，并推出了“浏览器医生”。只要用户输入遇到的问题，就能按照操作步骤完成修复。这种提升用户体验的做法使360得到了越来越多的用户的肯定。

产品只有做好用户体验，才能得到用户的喜欢。因此，企业要逐渐完善产品的功能。当然，并不是所有的微创新都能取得良好的效果，要想让用户喜欢自己的产品，就要做到以原有产品为基础，站在客户的角度上，进行非颠覆性的变革，变更或增加原产品的功能，使产品出现“差异化”。在同质化的竞争环境下，进行革命性的创新并不容易，但一个微创新却可以让用户获得良好的使用体验，为企业在市场竞争中争得一席之地。

创新启示

并非只有惊天动地的改变，才能让产品焕然一新。依靠微小的创新也能让产品获得用户的喜欢和认可。有时，在别人创新成果的基础上逐渐做出修补和改造，或者从外观等非核心技术的角度加以创新，也能收到意想不到的效果。

放弃原来的，先清零再做产品

如果你只是把原来互联网中的产品移植到手机平台，让它在Android上能跑得动，在Android上能用，这种做产品的思路我觉得是错误的。正确的做法应该是放弃原来的，把自己清零。

——摘自周鸿祎《移动互联网的生存、转型、布局和共赢》

关于如何打造成功的移动App，周鸿祎崇尚“先清零再打造”的做法。移动互联网时代，周鸿祎注重颠覆性创新，他始终坚持从主流用户的角度去考虑问题，要求开发人员不要犯经验主义错误，先把自己清零再打造App。

实质上，不管在任何时代，很多企业经营者都很难做到把自己清零，在做产品的时候常常会犯“经验主义”的错误。周鸿祎也曾犯过这方面的错误，致使360在发展过程中走了一段弯路。当时的周鸿祎刚从雅虎出来，心态上有点自我膨胀，常常凭着过去的经验复制成功，这让周鸿祎掉进了“急于求成”的陷阱。

互联网时代的市场瞬息万变，如果凭着“经验主义”来做事，必然会给企业带来毁灭性的打击。周鸿祎认识到了问题的严重性，带领公司迅速做出调整，把自己清零。他把自己当成一个创业者，每天工作十几个小时，亲自到第一线了解客户需求，从零开始经营企业，打造产品。此后，360重新走上了快速发展的道路。

进入移动互联网时代，周鸿祎明白App的打造不再是换换界面、简单改进，要想打造成功的App，就要“放弃原来的，把自己清零”。所以，他要求产品开发人员忘记PC互联网思路，不能依靠做PC安全的方式做手机安全；不能以做PC浏览器的方式做手机浏览器。这种先把自己清零再打造App的做法，给360发展带来了极大好处，360 打造了中国最大的 App Store，360 的移动产品一经推出，就深受用户的欢迎。其中，360 手机必备应用过万种，每天下载量超过 2 000 万次，360 宝盒的用户超过 3 000 万人。

周鸿祎的 App 打造观点给很多开发者以启发。他认为在打造 App 的时候不能简单地套用过去的经验，用 PC 互联网的经验打造移动 App。移动互联网时代的到来，让很多开发者和运营商热血沸腾，他们争先恐后地进入移动互联网行业，企图分得一杯羹。然而，很多开发者和运营商却折戟沉沙。因为它们完全是依靠 PC 互联网思维来打造移动互联网产品，没有进行颠覆性创新。在周鸿祎看来，这种做法是不明智的。正如他所说："如果仅仅把原来的产品移植到手机平台，让它在 Android 上能跑得动，在 Android 上能用，这种思路我觉得是错误的。"简单的移植固然省时省力，但是这种做法不能做到产品与平台的完美结合，会水土不服。打造出来的产品不能满足用户的需求，会遭到用户的鄙弃。

移动互联网时代，随着智能终端的大面积普及，这种颠覆性的变革愈发显得重要。如果打造产品的思路还是停留在传统互联网产品上，自然会被时代淘汰。所以，要想做强做大移动 App，企业必须先将自己清零，进行颠覆性的创造，而不是将 PC 互联网模式进行简单的嫁接。

创新启示

想打造出色的 App，就要摒弃做 PC 产品的思路，这样才能不会被以前的思路困扰，更符合移动互联网的思维。因此，在移动互联网时代，企业发展依靠的不仅是经验的积累，更多的是颠覆性的创新。

02

第二篇

李彦宏：企业经营可以走直线

第一章
产品是企业的生存之道

| 快速迭代是保持领先的捷径 |

这个过程中不要怕错走弯路，但重要的是快速迭代，早一天面对用户就意味着离正确的结果更近一步。

——摘自《壹百度》李彦宏观点

互联网企业打造产品的方式与传统企业不同。传统企业通常是先对产品不断完善，等到产品完美了再投向市场。但是，在李彦宏看来，这样打造产品的方式是不行的，互联网产品讲究的是快，所以李彦宏认为要尽快把产品投向市场，然后通过用户的广泛参与，不断完善产品，通过产品快速迭代的方式让产品日趋完美。同时，通过这种方式挖掘潜在用户，让一些原本关注但不经常使用的用户选择该产品。

特别是到了移动互联网时代，这种思维显得更加重要，这就是移动互联网经营者经常推出测试版或者封测、公测等的重要原因。这是移动互联网经营者重视用户，依靠用户的集体智慧来完善产品的体现。

李彦宏是迭代思维的忠诚贯彻者，他就是依靠产品不断迭代的方式来经营百度的。百度的“AB test”就是贯彻“迭代思维”的重要表现。

早在2000年，百度就完成了第一版的搜索引擎，此时的百度搜索功能已经很强大。但是在推向市场的时候，软件工程师认为需要再完善一下，然后推出去。然而，李彦宏却说，应该抓住时机尽快将产品推向市场，让用户告诉我们哪里需要改进，一旦获得了这方面的信息，就迅速改正，经过不断的修改之后，产品肯定就会趋于完美了。

在移动互联网迅速发展的今天，李彦宏更加强调这种迭代思维。百度每推出一种移动应用之后，都会有上百次更新升级，李彦宏告诉员工，失败了不要紧，改正之后再上。在百度有一个叫“AB test”的开发模式，这个模式就是当自己不确定A、B两种方案哪个更符合用户需求的时候，就让用户自己来test，在获得有价值的数据后迅速调整。

这就是李彦宏的快速迭代思维，正是依靠快速的迭代演化，百度才能在移动互联网时代的竞争中获得优势。

在李彦宏看来，用户才是最好的产品制造者，打造产品的最明智的做法是迅速把产品推向市场，依靠用户的反馈打造出完美的产品。针对这个思维，李彦宏说：“产品打造的过程不要怕错走弯路，重要的是快速迭代，早一天面对用户就意味着离正确的结果更近一步。”

随着移动互联网的高速发展，PC互联网进入平台期，未来流量和使用率都会小于移动互联网，而产品为王的时代将再度来临。企业做产品，尤其是移动互联网产品，要时刻把它当成服务来做，要时刻注重用户需求，移动互联网产品的爆发通常是3~7天，1个月就决定了产品的成败，快速迭代是保持领先的捷径。移动互联网时代是品牌速生速变的时代，产品打造者要迅速让产品去感应用户需求，不停地升级进化，推陈出新。唯有以迭代的速度前行，才能实现更大的突破与超越。

创新启示

对于互联网企业来说，产品是依靠用户的使用反馈来不断完善推进的。所以，运营者与制造商要及时推出自己的产品，同时，要不断收集用户需求，并据此不断完善产品，完成产品的快速升级换代，裂变成长。这样才能不断完善产品，给用户带来良好体验。切不能执着于一步到位，力求完美，否则，将会在快速的市场竞争中被淹没。

技术创新是产品提升的永动力

互联网发展到今天，它的灵魂依然没有改变——技术创新永远是这个行业的核心驱动力。

——摘自2012年百度年会上李彦宏讲话

不管是在任何时代，科技都是第一生产力，技术创新是企业持续发展的根本保障。互联网企业的发展需要技术的支持，而成功的互联网企业产品都是建立在强大的技术创新基础之上的，技术创新是推动互联网产业竞争力提升的唯一路径。可以说，百度之所以能够在激烈的市场竞争中持续发展，是因为李彦宏始终把技术创新当成是企业的核心驱动力。

身为互联网企业的CEO，李彦宏对技术创新看得非常重，在2012年百度年会上，李彦宏就说："技术创新永远是移动互联网行业的核心驱动力。"对此，他还专门进行了如下描述。

1999年的时候，大家在搜索框里输入关键词，常常需要好几秒钟才能得到结果，而且很多时候结果与自己想知道的内容并不一致。今天移动互联网也非常类似，平均搜索用时是2.4秒，这和1999年时差不多。现在每天有上亿人在利用手机搜索，虽然搜索速度很慢，但是用户对这个落后的技术十分能容忍，这是任何一个产业在发展初期都会遇到的问题。如果企业解决了一类技术问题，相应的产业就会放大几倍、十几倍，甚至几十倍。

通过李彦宏的描述我们不难发现，对于互联网企业来说，技术创新占据着重要的地位。基于对技术创新的重视，李彦宏在 2013 年创建了首个研究院——Institute of Deep Learning，百度花高价在全球聘请技术专家，目的就是为了不断完善技术创新，从而在互联网企业之间的竞争中赢得胜利。

有人认为百度在移动互联网时代已经错失了先机，但是事实并非如此。从 2012 年下半年开始，百度就开始在移动互联网上发力，并且取得了良好的效果。

百度一直在解决早期移动互联网面临的技术落后难题，最终在语音领域和图像处理技术上取得了成果。特别是，百度依靠技术创新使百度语音助手的性能得到了大幅度的提升，在语音识别准确率方面，仅仅是一年的不断完善与发展就超过了过去 15 年的总和。所以，百度语音助手虽然起步较晚，但是现在已经处于相对领先的地位。

为何百度语音助手能够获得成功？在李彦宏看来，正是由于不断的技术创新。正是有了 Deep Learning 的技术突破，百度语音助手的语音指令、语音搜索、语音问答等功能才能最终得以实现，百度语音也正是依靠这些功能在移动互联网行业占据了一席之地。

缺乏技术创新，要想获得移动互联网经营的成功是非常困难的。曾经，诺基亚是手机行业的霸主，却在智能手机时代节节败退，这是为什么呢？主要是因为其对技术创新重视不够。诺基亚的芯片设计能力丧失，处理器性能也比竞争对手落后，塞班和 QT 平台接连失败，这都是没有注重技术创新的后果。如今，诺基亚在智能手机市场，不仅无法与三星、iPhone 等一流手机相媲美，甚至很难与华为、中兴、联想等国产手机竞争。是什么导致了诺基亚今天的没落？很大一部分原因在于其不能做到技术创新。所以，企业经营者要时刻把技术创新放在首位。

创新启示

技术创新对互联网企业的发展具有举足轻重的作用。互联网时代，特别是移动互联网时代，运营者与开发商一定要意识到这一点。不要仅仅看到新行业的热闹非凡，不要以为做新产品很容易，唯有做到技术创新的企业才能得到发展。

打造不出航空母舰就组建远洋船队

移动互联网行业虽然风景独好，但是一切都是在摸着石头过河，而这些石头就是运营商与开发者开发出的产品。然而，并不是所有的企业都能依靠这些石头从PC领域成功转向移动领域。在移动互联网时代的布局方面，李彦宏奉行的是即使打造不出航空母舰，也要组建一个远洋船队。

什么是航空母舰？航空母舰是单一的移动互联网产品，仅仅依靠这个产品就能形成巨大的战斗力。在移动互联网时代，最典型的“航空母舰”产品就是微信。之后，腾讯在微信上搭载腾讯游戏、微信支付、腾讯地图等。仅仅依靠这样一艘“航空母舰”，腾讯就在移动互联网时代赢得了属于自己的一片天空。什么是远洋船队？根据李彦宏的理解，并不是所有的运营商都能像腾讯那样打造出一艘战斗力超强的“航空母舰”，但是打造出小船却不是什么问题，用这些小船组成远洋船队，同样具有很强的战斗力。

李彦宏就打造了14艘这样的小船。

在移动端，百度已形成了应用分发、移动搜索、地图和视频四大入口。同时，百度打造出了14款用户数过亿的移动产品，它们分别是手机百度客户端、百度云、百度地图、百度手机浏览器、百度手机卫士、91助手、91桌面、安卓市场、百度手机输入法、百度手机助手、爱奇艺视频、百度魔图、百度视频、PPS。特别是手机百度客户端，用户数已经超过了4亿。此外，百度的其他移动产品还在不断地增加。上述产品就是百度可以摸着过河的“石头”，同时也是李彦宏所说的14艘“小船”。

14款用户过亿的产品，对于百度来说是巨大的进步，也是巨大的优势，但是李彦宏却认为：“14个亿级App不是太少，而是太多了。”在他看来，百度虽然有很多用户数量过亿的App，却没有形成合力，不能最大限度地发挥自己的优势。为了解决这一难题，李彦宏提出借助平台优势，把14艘“小船”整合到大的平台上来，打造一支“远洋舰队”，这样才能形成合力。

从中不难看出，在移动互联网时代，李彦宏注重的是整合，在这个过程中，百度的角色是搭建基础平台，与其他公司做好连接。这是一个什么样的平台呢？这个平台是任何人都平等的，是利益均享的，是能够帮助合作伙伴成长和自我成长的。整合的目的是什么？是为了做强做大。如果每一个产品都是一条小船，要想抗击飓风恶浪，就要把这些小船组合在一起，形成大合力。

移动互联网时代竞争异常激烈，要在这激烈的竞争中获得胜利，就要拿出强势的产品，而依靠单个的产品很难达到这样的效果，这就需要不同产品的整合，越来越多的互联网巨头在向移动互联网转变的时候都开始侧重于用整合的方式来做产品。

要在波涛汹涌的移动互联网的蓝海里淘金并不是一件容易的事情，有的企业可以依靠单个产品打天下，即所谓的“航空母舰”，但是这样的企业少之又少。更多的企业要依靠整合“小船”的方式来做强自己的产品，所以，仅仅想依靠单个的产品在移动互联网时代打天下是不现实的，也是难以取得成功的。

创新启示

移动互联网时代，运营商与开发者都是在摸着石头过河，这个石头可以是大石头，也可以是众多的小石头，而要想真正渡过河去，就要把众多的小石头聚集在一起。也就是说，要像李彦宏那样把各个“小船”合在一起，打造一支“远洋舰队”。

第二章
视野广度决定企业高度

一定要有向前看两年的眼光

互联网企业的CEO要有向前看两年的眼光。你要不断地问自己，对你这家公司而言，什么是最重要的。如果你现在回答该问题的答案与两年前是一样的，你很有可能会被淘汰。

——摘自李彦宏2011年南开大学演讲

不管是创业者还是企业经营者，都要有远见。这种远见就是要有向前看两年的眼光。有没有这种眼光关乎创业能否成功，也关系着企业能不能取得长足的发展。李彦宏就是颇具远见的创业者，也是颇具远见的企业经营者。

当年，李彦宏在美国求学，他毅然抛弃唾手可得的博士帽而选择了创业，这就是一种远见。在当时的美国IT界最火的是电子商务，很多人都想从中分一杯羹，争得头破血流，有的人甚至不惜抛弃自己熟悉的行业。然而李彦宏没有跟风，而是悄悄迈入没有人注意的网络搜索领域。此时的李彦宏已经看到，搜索对网络世界会产生的巨大影响。正是由于李彦宏的远见，才成就了今天强大的百度。

在经营百度的过程中，李彦宏一直在以超前的目光审视整个行业，并以此制定企业的发展策略，从而使百度在发展的过程中不断强大。进入移动互联网时代，更体现出来了李彦宏的远见。随着移动智能终端的不断普及、移动应用的日益丰富，传统的互联网企业、终端企业以及诸多的新兴创业公司纷纷涌入到这个崭新的行业中来，一时间移动互联网变得热闹非凡。很多开发商和运营者形成一个固定的理念，那就是只要用户足够多就一定有钱赚。

但是李彦宏很冷静，他说："移动互联网就像酒驾，豪车、美女、180 迈的速度，固然很刺激，但是也很危险，只要一出事就会死人，现在移动互联网就是这样，每个人都觉得这个行业非常热闹，但是挣钱是很难的。"事实证明李彦宏的话是对的，很多经营商和开发者刚开始都非常狂热，但是最终却一败涂地。

李彦宏凡事都向前看，立足于未来。他对第一入口的争夺更体现了他这一理念。所谓的第一入口就是指把自己的网址放到浏览器首页，把自己的 App 放到桌面首屏，让用户一解锁手机，就能在第一时间看到自己的网址以及 App。李彦宏非常重视第一入口的抢夺，他曾在极客公园"创新大会"上表示，希望百度在移动端能够占据第一入口，继续向平台化发展，建立移动互联网生态系统。

从某种程度上来说，移动互联网经济是入口经济。谁垄断了入口，谁就拥有了用户和现金流。在互联网行业取得成功的很多行业巨头，都把目光逐渐转移到移动互联网上，希望在移动互联网上继续成为巨头，以获得更多的利益。移动互联网入口之争充分说明了这个问题。不断有人做搜索引擎、网址导航、浏览器，背后隐藏着对用户使用入口的明争暗斗。李彦宏明白入口的重要性，所以他希望百度可以抢占第一入口。

李彦宏用长远的眼光看待企业的发展，制定企业的发展战略，这也使得百度无论是在互联网时代还是在移动互联网时代都能取得长足的发展。李彦宏"一定要向前看两年"的观点告诉创业者和企业经营者，不要把眼光放在当前这个狭小的环境里，一定要向前看，这样才能取得成功。

创新启示

创业者一定不能跟风，不能做当下流行的事情，唯有边缘作战，才能创业成功；企业经营者在制定企业发展策略的时候，一定要立足于未来，而不是放眼当下，如此方能引导潮流，不至于被潮流淹没。

移动互联网时代需要平台化思维

移动互联网企业要以平台化、接口化的思维提升创新效率，建立生态系统。

——摘自李彦宏 2013 中国年度管理大会讲话

移动互联网的热潮势不可挡，现在不仅传统互联网涌入移动互联网，就连传统企业也在积极向移动互联网转变。如今，移动互联网产业得到了井喷式的发展，移动广告、移动搜索、移动支付、即时通信、移动浏览、位置 LBS、社交 SNS、手机游戏等迅猛发展。

移动互联网行业之所以会迅猛发展，是因为它为运营商提供了各种各样的机会。然而，不管在任何行业，平台的重要性都是不可忽视的，从操作系统、浏览器，到应用商店，平台正在变得广泛而重要。正因为平台在移动互联网产业方面这么重要，所以李彦宏极力主张移动互联网时代需要平台化思维，并且把平台化运营当成是百度未来的重要发展方向。

百度是依靠技术起家的公司，并且依靠技术创新不断发展。移动互联网时代，开放已经成为大趋势，针对这种大趋势，李彦宏指出要想单纯依靠自身技术来开发产品，将会很难适应时代的发展，只有具备平台化思维，才能做强做大。对此，李彦宏认为百度的发展方向应该是以服务的心态把百度的技术、服务做成平台，让合作伙伴可以平等便捷地接入，在共赢的基础上做大自己。

“要以平台化、接口化的思维提升创新效率，建立生态系统。”这是李彦宏在移动互联网时代经营产品的原则。对此，李彦宏还以语音识别技术为例做出了解释。语音识别技术门槛很高，并且需要长久的积累，这就会让普通开发者望而却步，百度则向他们免费开放这种技术，因为是免费的，所以很多开发者都会争相接入、使用。这不但为普通开发者提供了技术支持，同时能够促进百度语音识别技术水平的提高。

李彦宏的思维方式体现出企业在移动互联网时代要想获得成功，就要坚持走平台化道路。其实，国内互联网从业者早就认识到在移动互联网领域打造平台的重要性，所以在移动互联网市场上出现了手机浏览器之争、LBS的热潮、抢推手机输入法等，这些事件出现的重要原因就是为了在移动互联网市场打造一个平台。因为平台化的重要性，所以新浪、腾讯、中国移动、中国联通等企业都在迅速将其产品平台化，导入视频、游戏、SNS社交网络、电子商务等应用。

移动互联网时代，新兴的移动互联网创业者与传统互联网巨头几乎处在同一条起跑线上，但是，传统互联网巨头因为有丰富的经验与雄厚的势力，所以他们在移动互联网领域会更具竞争性。所以，对于普通的创业者来说，要想与这些巨头比产品是很难有成效的，唯一可以做的就是在平台上做文章。不管无论哪个移动互联网运营者都需要平台，如果说智能终端是抢夺市场的有效武器，操作系统是布局产业的基础工具，那么应用平台就是整合各方资源的核心能力。

平台化是移动互联网发展的大趋势，但是仅仅依靠平台是不能获得发展的，要想在移动互联网领域取得成功，还要依靠智能终端和操作系统，它们二者是平台赖以生存的基础。所以，只有建立智能终端、操作系统和平台相互协作的生态系统，才能产生最大的市场效益。在未来的移动互联网市场，运营者会依靠智能终端与操作系统打天下，但是这些都是在平台的推动下完成的。正是因为做到了平台化，百度才能得到不断的发展。

创新启示

移动互联网时代，平台化已经完全普及，运营商常常需要借助平台将用户所需的各类应用和信息整合并推送，以此来实现赢利。所以，移动互联网产业的参与者需要搭建自己的平台，形成新的产业系统。唯有如此，才能掌控移动互联网产业。

第三章 有机管理塑造高执行力团队

管理意味着找人才

有的公司就希望招一般的人、愿意听从指挥的人，而不是最优秀的人。但百度希望把员工的创造性很好地发挥出来。所以我们的宗旨就是要招募最优秀的人才。

——摘自李彦宏 2011 年南开大学人才谈话

对很多企业家来说，管理就是要管人，然而在李彦宏看来，管理首先意味着找人才，找最优秀的人才。李彦宏极度渴求优秀的人才，他把三分之一的时间都用来寻找最优秀的人才。

在创业前，李彦宏就认识到人才的重要性，他把人脉资源丰富、曾在两家跨国公司任高级销售经理的徐勇纳入麾下，徐勇为百度的融资、市场开发立下了赫赫战功。这次选人，证明李彦宏挑选人才的策略是很正确的。李彦宏对最优秀人才的渴求并不单单表现在这一件事上，在百度上市后，李彦宏便把更多的精力投入到寻找最优秀的人才上。为了得到最优秀的人才，李彦宏不惜花费大量的时间去等，如某大型集团高级公关总监朱光，就让李彦宏足足等了两年。

李彦宏用人奉行“宁缺毋滥”的原则，他宁可让企业职位空缺，也不会让庸才占位，这一点在 2006—2007 年体现得特别明显。

这段时间，百度爆发了人才危机，先是首席技术官 CTO 刘建国离职，然后是副总裁梁冬离职，紧接着首席运营官朱洪波离职，百度首席财务官王湛生也在2007年年底意外去世。这些对百度来说是重创，但是面对如此重大的人才流失，李彦宏并没有慌乱，而是耐心寻找。一年后，他找到叶朋代替朱洪波；两年后，李一男才接任首席技术官的职位。

正是因为李彦宏奉行这样的人才理念，百度才能不断取得发展，逐渐壮大。为什么李彦宏会奉行这样的用人理念？因为在企业内部，有一些重要的岗位。只有任用优秀的人才，才能确保企业各项业务顺利开展。

优秀的人才能够迅速扭转公司的不利局势。作为企业管理者，要懂得把最优秀的人才为己所用。管理者的职责是招募到比自己更强的人，并鼓励他们发挥出最大的能力为企业服务，这对企业的发展具有重大推动作用。那些总是害怕下属超越自己的领导者是很难变得更强大的，因为他缺少比自己有谋略的人的协助，而仅靠一个人的能力和智慧是不可能将企业做大做强的。

企业的竞争就是人才的竞争。如何吸纳最优秀的人才，已经成为影响企业发展的关键因素。找到最优秀的人才，是管理者的主要任务之一。因此，作为企业管理者，要做出正确的人事决策，做好人才的引进和聘用，对选人、用人要慎之又慎。

创新启示

人才作为企业的重要资源，决定着企业的核心竞争力。能否招募到优秀且合适的高级人才往往决定着企业在市场上具有多大的竞争力。所以要不惜一切代价网罗人才，让最优秀的人才为我所用。

高举理想大旗，激励每一位员工

我们必须时刻提醒自己，身处这样一个不确定的时代，我们仍然是一家心中有着远大理想的“小公司”。我们要投入全部的精力提升我们的核心技术，创造出具有更好用户体验的产品！我们要比别人更快地行动，要杜绝一切形态的浪费，只有这样才有可能生存下来。

——摘自李彦宏《百度永远离破产只有 30 天》

李彦宏重视人才，特别注重对人才进行激励。李彦宏对人才进行激励通常采用两种方式，第一种方式是对人才进行物质激励，第二种方式是对人才进行精神激励。相较而言，李彦宏更注重第二种激励方式。李彦宏精神激励的方式是高举理想的大旗，激发每一位员工的斗志。依靠这种精神激励，百度渡过了一个又一个的难关。

2003 年春末夏初非典蔓延，大多数企业都停工了，百度在这段时间遭到了黑客袭击，致使员工士气低落。李彦宏为了激励员工们的士气，就在办公室里反复播放一首歌——《十送红军》。李彦宏的意图是，依靠红军的长征精神、革命意志来激励员工为实现百度理想而奋斗。李彦宏的做法收到了奇效，百度不仅渡过了难关，还迎来了技术的迅猛发展。

这仅仅是李彦宏精神激励的一个案例，其精神激励的灵活运用还体现在公司上市后。

百度上市后，公司员工心生膨胀，倦怠之情滋生。李彦宏意识到了问题的严重性，于是写了一封内部公开信——《百度永远离破产只有 30 天》。在这封邮件中，李彦宏说，百度是一家心中有着远大理想的“小公司”，要投入全部的精力创造具有更好用户体验的产品，只有这样才可能生存下来。李彦宏的激励为百度输入了焕发精神的血液，使百度员工走出倦怠的精神状态，开始以饱满的激情参与到工作中去。

公司上市一周年，李彦宏为了激励百度员工，就在空间贴出《三百六十五里路》

的歌词："三百六十五里路呀，岂能让它虚度？我那年万丈的雄心，从来没有消失过，即使时光逝去依然执着！"李彦宏用这句歌词激励员工要为实现用搜索改变世界的理想而奋斗终生。这一次精神激励也起到了非常好的效果，使百度在发展的道路上又迈进了一大步。

李彦宏始终不忘用精神激励来激发百度员工的斗志，他把"用技术改变世界，改变普通人的生活"的理想渗透到企业管理的每一个环节，以此作为激励每一个员工的精神动力。

李彦宏的做法为企业管理者提供了管理经验，理想激励是最大的激励，给员工一个值得为之努力的理想，比任何物质奖励都更起作用，也比任何其他精神激励都有效。只有当人们明确了自己的行动目标，并把自己的行动与目标不断加以对照，知道自己前进的方向并不断缩小与目标的距离时，其行动的积极性才能得以持续。因此，管理者应正确引导员工，让员工在理想的道路上不断追求更大的进步。

创新启示

很多企业领导都会犯一个大错误，即把金钱当成激励员工的唯一方式。他们把金钱加股息当成了万能的激励方式，以期起到持久激励的作用，但往往事与愿违。在知识型员工越来越多的情况下，员工们更多的是追求精神上的满足。因此，用共同理想来激励是一种绝佳的提升员工工作积极性的方式。

危机管理：放弃，专注，创新

"放弃幻想、专注如一、创新求变"这三大法宝可帮助中国企业应对危机。

——摘自李彦宏《21 世纪》记者问答

作为企业经营者，在危机到来的时候，应该保持的态度是“放弃幻想、专注如一、创新求变”，这是李彦宏给企业经营者提供的建议。李彦宏还对这三个方面做出了详细阐述：放弃幻想就是要放弃不切实际的幻想，拿出务实的态度，切实解决问题；专注如一就是要对自己从事的行业保持专注，不要轻易放弃；创新求变就是要主动拿出创新的勇气，依靠创新来应对危机。

李彦宏是这样说的，也是这样做的。2008 年 11 月以后，对于李彦宏和百度来说，日子过得并不舒心，百度面临着自企业建立以来最为艰难的时刻。雪上加霜的是，此时还爆发了金融危机，国外很多搜索引擎公司的付费搜索总量都不同程度地呈现下滑态势。面对这不利的局面，李彦宏并没有表露出人们想象中的忧愁。相反，他对百度的前景充满了自信——点击量保持平稳、业绩稳中有升。

李彦宏确信金融危机挡不住互联网产业的发展步伐。“百度的付费搜索平台不会受到宏观经济的影响。”——如此肯定的表态并不是对外的宣传手段，而是对市场的乐观预期。事实上，李彦宏一直以来对市场都有着精确的把握。“长三角”和“珠三角”的一些企业虽然出现了一些困难，但百度的应用对象并不限于这些进出口企业，而是任何行业。现在有越来越多的公司开始意识到百度的产品和服务的价值，而中国的付费搜索市场还处于初级阶段，2007 年美国搜索营销市场拥有约 100 亿美元的市场规模，而 2007 年在中国搜索营销收入共计不足 40 亿元人民币，因此存在着较大的提升空间。如此大的差距，隐藏着巨大的市场空间和潜在用户群，这些都让李彦宏感到兴奋，让他时刻充满着信心。

“作为足以影响人类历史进程的伟大发明，搜索引擎正在发挥更大的作用，其深远的影响甚至不是今天我们所能全部预见的。”李彦宏认为，“10 多年来，在互联网世界里，唯有搜索引擎一直保持旺盛的生命力，即便是金融危机也不能阻止它的发展步伐。中国的搜索引擎产业的大幕其实才刚刚拉开。”

虽然抱有乐观的态度，但是李彦宏知道单凭乐观不能渡过危机，他没有沉浸在幻想之中，而是选择用创新的方式来应对危机。商业模式上的创新就是百度取胜的第一必杀技，具体的方法就是拓展 C2C 商务模式。

从 2007 年开始，百度就着手开发 C2C 平台，并很快推出了测试版。李彦宏很清楚，该领域的市场竞争异常激烈。所以，刚开始时百度只把 C2C 平台看做一个广告平台，为客户提供参与性体验，增强其对百度 C2C 平台的信心。用户一旦认同这种模式，他们将从点击率和用户流量上为百度的增长率做出更大的贡献。

面对危机，百度的 C2C 模式取得的成绩是有目共睹的，无论是投资者还是用户，都对这一模式表示了充足的信心。危机四伏的时刻也是企业寻找突破的最好时机。百度凭借其“放弃幻想、专注如一、创新求变”的三大法宝成功渡过了危机。企业经营者只要掌握了这三大法宝，相信也能够轻松应对各种危机。

创新启示

危机管理是检验一位企业管理者是否优秀的重要标志，企业管理者面对危机的时候，要放弃幻想，要有坚持不懈的精神，最关键的是要能够做到创新求变。如此，企业便能轻松渡过危机。

03

第三篇
雷军：成功就是要颠覆世界

第一章 把自己逼疯，把别人逼死

高性价比是取胜之道

我只要 10% 的利润。我要做一个比较厚道的人。东西又好又便宜，这是人类发展的规律。

——雷军在 30 小时售完 30 万部小米手机时如是说

说到小米的价格，雷军最早在给小米手机定价的时候，曾经想定一个足够疯狂的价格，把小米的价格定在 1 499 元，甚至能在 999 元。但是，在核算各项成本之后，雷军只好将价格定在了 1 999 元。然而，即便是这一价格，人们还是惊呼小米手机的价格便宜。

“小米并非想靠硬件赢利，只是为了硬件、软件更完美地无缝契合，为用户提供更流畅极致的内容、服务，提升用户的手机端移动互联网体验。”雷军认为，小米作为互联网公司的第一个特点就是商业模式的颠覆，即不靠硬件赚钱，以成本价零售手机。小米将其他手机生产厂商四五千元价格配置的手机做到了 2 000 元以内，光凭这一点，雷军就觉得很骄傲，因为到今天为止还没有任何一家手机厂商能将相同配置的手机做到这个价位。

小米的这种做法显然颠覆了中国的手机行业。在小米诞生之前，国内的手机市场有两种生态，一种是高价格高性能，如苹果手机、三星手机；另一种是低价格低性能，如一些国产智能手机。

小米如何在市场上占据一席之地呢？在雷军看来，小米只有走“高性能、低价格”，即高性价比的道路才能实现差异化，从而赢得市场。

为此，雷军和他的团队制定了两个解决方案，第一是通过手机附件和周边产品赚取利润；第二是通过电子商务的形式销售，减少门店和渠道的成本。

第一点相对容易做到，小米开发了耳机、音箱、后盖、贴纸、挂饰、手机支架、耳机绕线器等一系列附件，而且还开发出帽子、T 恤、玩偶等周边产品。

针对第二点，作为纯互联网手机品牌，小米实现了完全在互联网上销售手机，最大规模地减少中间的渠道成本，大大降低了手机售价。

传统手机的售价，除了受生产成本影响外，还包含渠道、门店成本，这些成本最终都转嫁到用户身上，从而导致智能手机的价格居高不下。雷军曾直言不讳地说，“小米手机要打造首款网络手机品牌，完全采用线上销售，主要是为了去掉中间渠道和门店的成本，提供低价、高品质、高服务的顶级手机。”

其实，即便没有营销费用，小米手机的成本仍然有庞大的构成体系：手机元器件、代工厂制造成本、关税、增值税、损耗成本、维修成本、3G 专利费、平台专利费、屏幕按键、摄像头等支付给供应商的研发费用、市场成本、渠道成本等，此外，还有自身研发成本、自身试验设备和租用试验设备的成本。“高端智能手机市场成本和渠道成本能占到手机售价的一半以上。一部智能手机在店里卖出去，促销成本约为 900 元人民币。传统渠道零售手机非常贵，是因为渠道成本比较高。在手机没有一定量的时候，这些成本都是天文数字。”

尽管如此，雷军还是顶着压力坚持小米的高性价比。果然，在高性能和低价格的强大反差刺激下，小米手机一炮走红，销量暴涨。首发时在 30 个小时内 30 万部小米手机销售一空。尽管在小米发布之后就有手机厂商宣布要做性能更好、价格更便宜的手机，但至今为止，小米创下的纪录依然没有被超越，在雷军的版图和布局中，也许小米没有被超越的可能。

创新启示

企业要在竞争中取胜，就要为用户打造高性价比的产品，用户都喜欢质优价廉的产品，产品质量好、价格便宜对用户有着天然的吸引力。所以，企业要把高性价比作为竞争的取胜之道。

做产品要真材实料不偷懒

当企业真材实料地做产品时，老天会知道的，用户也会感觉到的。

——摘自雷军在 2013 年全球移动互联网大会上讲话

在做小米手机之前，雷军一直思考如何能做一家基业常青的公司，并且一直在寻找这样的典范。为此，雷军专门研究了同仁堂，他发现已经有 340 年历史的同仁堂可谓是一家真正伟大的公司。

雷军坦言同仁堂有两句话让他印象深刻，一句是“炮制虽繁必不敢省人工，品味虽贵必不敢减物力”。另一句是“修合无人见，存心有天知”。

雷军认为，小米做产品就应该倡导同仁堂精神，要做一家真材实料的公司。因此，在小米创办之初雷军就把真材实料作为小米手机的立身之本。雷军说：“当企业真材实料地做产品时，老天会知道的，用户也会感觉到的。”

像乔布斯一样，程序员出身的雷军也是一个完美主义者。在做事方面，雷军的要求很高，他觉得做一件事情就要做到极致，做到自己能力的极限，要发扬“同仁堂精神”，即永远坚持真材实料做产品。为 MIUI 找壁纸就是雷军真材实料做产品的最好体现。

可能很多人认为，找一张好看的壁纸是一件再简单不过的事。但是，仅仅做这样一件小事，小米团队就看了接近 100 万张照片，甚至还开发了一个软件，专门用来挑选壁纸。

在他们看来，找到一张好壁纸实在很不容易，因为小米对壁纸的要求十分严格：放到锁屏里面要好看，放到壁纸里要不跟图标打架，还要有意义、注重细节，至少要 90% 的人喜欢，不会有人反对、反感。

在雷军看来，找到这样的壁纸是一个浩大的工程。他说："不信大家把自己的 iPhone 打开看一看，能用的就那张水波纹，其他都不可以；把 Windows 打开，除了星空能用，别的都不能用。"

于是，2012 年 7 月，小米团队以 10 万元人民币为奖金发动广大群众为小米征集壁纸，一张图 10 000 元，最后小米征集了 45 000 张十分精美的图片。团队加班加点从中挑出来了 310 张，可雷军看完后都不满意。在他看来，找到好的壁纸，就跟投到好项目一样困难。

怎么解决这个问题呢？为了找到最好的壁纸，雷军不得不逼着小米所有的设计师去画壁纸，在 8 个月的时间里，雷军几乎把所有的设计师都逼疯了。最后，设计师们画出 5 张堪称完美的壁纸，但它们并不是真的完美，离雷军的要求还有差距。

因此，雷军不得已继续征集：如果谁能做出比这 5 张壁纸更好的图片，我们承诺 100 万元人民币买一张壁纸。

仅从为小米手机做壁纸这件事情足以看出雷军的极致思维。在雷军的产品理念中，是不是真的将产品做好了，只要看在产品上花了多大力气就行，产品自己会说话，用户也是看得见的。

雷军推崇一句话：做到极致就是把自己逼疯，把别人逼死！他给小米定下了基本的发展路线：用移动互联网做手机，做到极致，形成不能复制和替代的核心竞争力，击败对手。他为小米选择了双核 1.5G 处理器，并且花费了很长时间和精力寻求最顶尖的合作商。关于小米的价格，雷军承认，"小米 1 999 元是割喉价，要先把自己逼疯！"

在小米的功能设置上，雷军也强调真材实料做产品的理念。雷军专注于一款手机，他和小米团队将所有精力都集中在这款手机的完善上。通过这样的努力，在各种各样的排行榜中，小米始终排在前几位。

创新启示

能让企业基业常青的是高质量的产品，而要打造高质量的产品，就要做到在生产产品的时候不偷工减料，把产品打造的每一个细节做到极致，这样就能打造出完美的产品，赢得用户的喜欢。

打造让用户尖叫的产品

有人夸你的产品好，多半原因是超出了他的预期。预期是跟期望值比较的，过于高调只会把用户的期望值吊得越来越高。

——摘自雷军 2011 年在小米手机发布会上的讲话

互联网行业的规则就是得产品经理得天下，雷军认为这一规则同样适用于手机领域。在小米，雷军的第一定位不是 CEO，而是首席产品经理。在小米公司，管理层面上只有每周一次、每次一小时的公司级例会，也没有季度总结会、半年总结会。相反，雷军将 80% 的时间都用来参加各种产品会，每周都会定期和 MIUI、米聊、硬件和营销部门的基层同事坐下来，举行产品层面的讨论会。

在产品思维上，雷军一直用两点极致的标准来衡量小米的行为：第一是用户会不会为小米的产品尖叫；第二是用户会不会真心把小米的产品推荐给朋友。因此，在产品方面，雷军一方面通过精益求精，以“顶配”“首发”“低价”等词语不断引发用户的尖叫，另一方面通过超越用户预期的服务来赢取口碑。

例如，小米到目前为止发布了4代手机，每一代在当时都是业界的最高配置，即“抢首发”的策略。因为首发，用户会为能够拥有这样一部手机而感到满足，甚至是可以用来炫耀的。小米1采用的是国内首家双核1.5G芯片，定价只有1 999元，性价比超出了消费者的预期。小米手机因此一炮打响，制造了“用户尖叫”的效应，供不应求。

之后，小米2打的是发烧级四核高性能芯片，首款28纳米芯片，并在当时主流机器的内在都是1G的时候，小米2将内存标准提升到2G。作为当时的“最高配置”，依然坚持1 999元的中档价位。小米营造的这种“尖叫”慢慢形成一种惯性，以至于后来的红米、小米3、小米4、小米机顶盒、小米电视等新品都形成了供不应求的火爆局面。

除此之外，雷军坚持认为，在今天浮躁的移动互联网世界里，如果你想获得认可、取得成功，最好低调行事，做出令用户尖叫的产品才能形成口碑。如果你做了很多广告吹嘘产品，把用户的胃口吊得很高，而产品达不到预期，用户一定会失望的。

雷军要求所有员工在朋友使用小米手机的过程中，无论遇到任何问题，都要以解决问题的思路，用心地帮助朋友。

值得一提的是，在用户与口碑的建立上，雷军特别看重“人不如旧”的概念。他说：“做天使投资时，我总会给老朋友便宜一点的价格，第一次跟着投的人永远最贵。这样，朋友得了实惠，让新人购买入场券。对用户也是一样。别人都是向老用户不停收费，新用户免费，而我们给老用户免费，对新用户收费。这样可能会放慢产品扩张的速度，但照顾好老用户之后，带来的是更加持久的品牌生命力。”

因此，雷军一直要求小米要相信用户，相信口碑，相信一个超级忠诚的用户能够带来更多的用户。正是这样的产品思维，雷军才让小米一直拥有很高的用户满意度，以及良好的用户口碑。

创新启示

一家公司最好的评价是用户口碑，用户口碑是一家公司能够长期生存并发展的生命线。一家公司要想在竞争中取胜，不一定需要花很多的精力和资金做宣传，而是要形成用户口碑，这样才能更好地将公司的形象传播出去。

第二章 用互联网思想武装自己

小米的 DNA 就是互联网 DNA

我们和用户一起开发互联网手机，上百万用户贡献了自己的智慧，这就是小米的互联网 DNA!

——摘自雷军微博文章

在互联网领域，小米的估值仅次于阿里巴巴、腾讯、百度，不仅超过了网易，还把新浪甩在了身后，这意味着小米已成为中国第四大互联网公司。小米的成长可谓是疯狂的，究其原因是互联网 **DNA** 给了小米更广阔的成长和发展空间。

用互联网思维武装小米，可以说是雷军进军手机市场的秘密武器之一。那么，武装小米的互联网思维具体是什么呢？雷军曾详细解说："互联网不仅仅是网络设施，我觉得更重要的是思想，是用互联网这种思想来颠覆传统产品。我将互联网思想总结为七字诀——专注、极致、口碑、快。"

首先是专注。雷军认为，只有足够专注，才能将一件事情做到极致。

能不能把精力集中到一点上，决定了是不是有强大的穿透力。要带着专注的思维做事，坚信大道至简，少就是多。雷军对小米的定位是，专注于高端智能手机市场，不做全价格线的智能手机。

其次是极致。雷军认为，极致就是做到自己能力的极限，用尽自己的全力把产品做到无可挑剔。

小米手机进入市场时，互联网行业正处于激烈的混战中。为了使小米手机在激烈的竞争中脱颖而出，雷军选择了将产品做到极致的理念。他给小米定下了基本的发展路线：用移动互联网做手机，做到极致，形成不能复制和替代的核心竞争力，击败对手。他为小米选择了顶级的配置，并且花费了很长时间和精力寻求最顶尖的合作商。

再次是口碑。雷军认为，好的口碑是用心经营出来的。因此，小米在经营口碑上下了很大的工夫，用心地为用户做了很多事情。

例如，小米团队曾经做了一件回馈30万老用户的事情。那个时候，小米刚刚上市，有30万人在网上排队预订小米手机，最长的甚至等了100多天才拿到手机。

小米为了向用户表达感恩之情，给30万用户每人100元的现金券，不附加任何条件，可以在小米网上买任何东西。雷军还要求小米团队给他们寄了精美的卡片，上面写着感谢他们对小米的支持。这些微不足道的小事，都有利于小米在市场上形成很好的口碑。

最后是快。动作要快，互联网追求的是一种速度。

“天下武功，唯快不破。互联网创业，速度一定要跟上去。”“要死也要死得快，早死早超生！”这些都是雷军说过的话。他清楚地知道互联网是一个快速发展的行业，每天都有新的事物产生，用户需求变化得非常快，竞争也很激烈，一旦速度跟不上，就会被淘汰。另外，企业在快速发展的时候风险往往是最小的，也会掩盖很多问题。

于是，雷军决定加快小米的发展步伐，试图将开发周期控制在 3 ~ 6 个月。快速的开发容易跟上整个市场的节奏，节约成本。雷军知道，能不能在互联网的战场获胜，速度是关键，要是变成持久战就不好办了。

用“专注、极致、口碑、快”的互联网思维武装后的小米，在行业内可以说是“不鸣则已，一鸣惊人”，因为它重新定义了手机的制造和营销模式，并以颠覆者的姿态赢得了用户的喜爱和簇拥。

创新启示

在移动互联网时代，互联网思维对整个终端的影响都是非常巨大的，从用户使用的体验到商业模式的颠覆等都可能是决定性的。所以，企业要用互联网思维来经营公司，打造产品，做到雷军所说的“专注、极致、口碑、快”。

只在互联网上销售小米

通过互联网方式研发的小米产品不设任何线下销售渠道，而是用电子商务的方式，只在互联网上销售。

——雷军对小米的颠覆性定位

在手机行业曾有这样一种说法：“现在智能手机只分两种，苹果和非苹果。”雷军知道这句话产生的缘由以及它背后的含义，所以，他一针见血地说出一个词——“颠覆”。在创办小米的过程中，雷军深知，打败苹果的方式绝对不是简单的复制。

雷军要做的不仅是颠覆自己，颠覆手机行业，还要颠覆移动互联网产业。于是，他给小米的颠覆性定位是：只用电子商务的方式在互联网上销售。

虽然网上销售困难很多，但是雷军并没有被吓倒，他分析了要想以网络销售的方式在互联网上卖手机，必须满足两方面的条件：第一是先做好营销，打造知名度，这样才会有人在网上购买；第二是要有足够的力量解决售后问题，让人们放心地在网上购买。

早在 2007 年，他就用电子商务的模式成就了互联网品牌卓越网，而现在，他也有办法用互联网模式成就手机品牌小米。雷军格外强调对核心发烧友团队的重视，认为他们可取代终端销售商，进行口碑营销；同时，与具有丰富电商经验的凡客诚品合作，由后者负责仓储、配送甚至售后服务；最后，在 MIUI 论坛事先经营了 30 万高活跃度的用户。这大概也是雷军所谓“只在互联网上卖手机”的底气所在。

幸运的是，小米遇到了微博流行的时候，小米手机在正式发布前，其团队充分发挥了社交媒体——微博的影响力。

在小米手机发布前，通过手机话题的小应用和微博用户互动，挖掘出小米手机包装盒“踩不坏”的卖点；产品发布后，又掀起转发微博送小米手机的活动，以及分享图文并茂的小米手机评测等。在小米发布之前，雷军每天发微博的数量在 2 ~ 3 条，但在小米手机发布前后，他不仅自己在微博上高密度宣传小米手机，还频繁参与新浪的微访谈，出席腾讯的微论坛、极客公园等活动。

除此之外，雷军的朋友们，包括过去雷军投资过的公司高管，如凡客 CEO 陈年、多玩网 CEO 李学凌、优视科技 CEO 俞永福、拉卡拉 CEO 孙陶然、乐淘网 CEO 毕胜等，都纷纷在微博里为小米手机宣传造势。作为 IT 界名人，这些人中的每一个人都拥有众多粉丝。可以说，微博的营销功能被小米团队运用到了极致。

最终，小米凭借着泡论坛、拉粉丝以及在微信、微博上的营销宣传，使其第一批 30 万台手机很快被抢购一空。之后，小米在线预订都在不断上演，并不断刷新之前的神话。仅 2012 年，小米手机在线销售出了 730 万部。

事实证明，小米手机的确实现了完全在线销售，不过并非像人们预想的那样直接在凡客、乐淘等电商平台销售，而是购买域名自建电商平台，直接在小米官网上进行销售。在筹办自己的电商平台的过程中，小米借鉴凡客、乐淘等兄弟公司的经验和资源，打造了完整流畅的在线销售服务体系，而配送服务则采用凡客的物流配送体系。

小米创造的奇迹，可能超过了很多人的预料。在没有做任何广告的情况下，小米团体仅凭借网络媒体，靠病毒式营销，成功地实现了品牌推广，让很多人认识了小米手机以及小米公司。

创新启示

互联网行业的竞争日益激烈，而用互联网的方式销售，直接面对终端消费者，可减少中间环节，节省所有中间成本，让企业产品与竞争者相比更具有价格优势。除此之外，用互联网的方式不仅很有时尚感，还能满足购买者的个性化需求。

用“海底捞精神”做服务

我们借鉴的第二个典范是海底捞，我们向海底捞学习做服务。

——摘自 2013 全球移动互联网大会雷军讲话

小米的成功除了源于优秀的营销和研发外，还包括出色的用户服务。在互联网思维的武装下，虽然小米实现了“只在互联网上卖手机”的豪言，但是当小米站在风口上迎接飞腾速度的同时，也必然要承受风口浪尖的严峻考验。只在互联网上销售，小米怎么做售后、怎么维护用户的忠诚度，这些都是放在雷军面前必须解决的大问题。

其实，雷军早已意识到，小米要想继续成长和壮大，只做互联网营销显然是不够的，他还有一样制胜的法宝，那就是：在服务精神上小米要向海底捞学习，做好互联网服务。在雷军的商业理念中，顾客在商家消费的不仅是产品本身，更重要的还有服务。

说起海底捞火锅，其无微不至的服务精神甚至比它美味的火锅更有名。那么，海底捞到底是如何做服务的呢？

在饭点的时候，几乎每家海底捞都会有这样的场景：人声鼎沸，等餐的人几乎和就餐的人一样多。等待本就是一件痛苦的事情，饿着肚子，看着别人用餐就更加煎熬了。海底捞设身处地地站在顾客的角度考虑问题，硬是将等餐变成了一件愉快的事情。

手持号码等待就餐的顾客一边观望屏幕上打出的座位信息，一边接过免费的水果、饮料、零食；如果是一大帮朋友在等待，服务员还会主动送上扑克牌、跳棋、围棋供大家打发时间；趁这个时间来个美甲、擦擦皮鞋也不错，这些服务都是免费的；规模大一些的海底捞分店还安排了电脑，客人等位的时候也可以去上网。

当客人坐定点餐的时候，围裙、热毛巾等都已经送到眼前了。服务员还会细心地为长发的女士递上皮筋和发夹，以免头发垂落到食物里；戴眼镜的客人则会得到擦镜布，以免热气模糊镜片；服务员看到你把手机放在台面上，会不声不响地拿来小塑料袋装好；如果点的菜太多，服务员会善意地提醒你点的已经够了，假如都想尝尝，可以点半份……

顾客能从众多细节中感受到海底捞提供的真诚服务。真心实意地为顾客着想，细致地考虑顾客的需要，真诚地回应每一个细小的需求，这已经成为海底捞全体员工的使命。因此，雷军十分推崇因服务精神而声名远播的海底捞，他觉得这种精神在互联网行业也至关重要，他甚至会请小米的每一位新员工吃一顿海底捞，好好体验一下它的服务。

事实上，互联网服务也是小米“软件 + 硬件 + 互联网服务”的“铁人三项”中很重要的一个方面。小米在经营的过程中一直十分重视用户口碑和满意度，因此，为了更好地为小米手机的用户提供服务，雷军投资了 1.2 亿元用于布局“小米之家”，以作为小米手机提货点、小米售后服务点和小米粉丝站。

对于手机的售后服务问题，小米向用户承诺将提供包修、包换、包退服务，即产品售出（以实际收货日期为准）起，7 日内可据三包服务细则退货、15 日内可据三包服务细则换货、12 个月内可据三包服务细则保修。小米手机用户可在线提交退换货申请，也可通过联系小米客服中心办理退换货。

在雷军的意识中，小米不需要考虑销量，也不需要考虑营业额和利润，需要考虑的只是每一个消费者的使用体验，他们遇到困难和问题时小米怎么帮他们解决。把焦点放在互联网服务上才是小米最重要、最急需的事情，至于最终能卖出多少部手机、赚多少钱，这些都是顺理成章的事情。

创新启示

在移动互联网时代，产品的更新换代速度变得非常快。企业与企业之间的竞争日益激烈，要想在混乱局面中获取胜利，企业除了要做好产品外，还要专注于做好服务，出色的服务是企业竞争的重要推动力量。

第三章
企业发展需注重战略与战术

“抢首发 + 期货模式”是小米模式

小米的模式定义为“抢首发 + 期货模式”。第一就是做全世界的首发，第二是期货模式。

——摘自雷军《中国经营报》记者问答

对于小米的成功，外界的定义是小米运用了“抢首发＋期货模式”的销售形式，雷军本人也确认，小米之所以能够在短时间内获得巨大成功，很大程度上也是得益于这种销售模式。

所谓抢首发，就是企业要率先制作出硬件和软件都是最新、技术也最先进的产品来。高端的产品想做世界级的首发是件很难的事情，没有过硬的技术是做不到的。

例如，小米2全球首家采用高通APQ8064四核1.5GHz处理器，Adreno320图形处理器（拥有Xbox的图像处理效果），4.3英寸IPS超高PPI精度视网膜屏（1280×720像素），2G运行内存，16G储存空间，并且拥有全新一代背照式800万像素CMOS摄像头。

从小米2的首发就不难看出，只有采用这些全球最好的硬件、顶级的配置，才能算是真正的全球首发，也才能打动消费者。

抢首发要注意两个方面，第一是要抢在其他企业之前，如果你的团队费尽辛苦研发的首发产品却被其他商家率先提出了，那么先机已失，销量自然成了问题。第二则是宣传要到位，既然是全球首发，如果草草了事，自然上不得台面。

在宣传方面，小米一向做得都很到位。

2013年9月5日小米3发布会上，谷歌安卓前副总裁巴拉亮相小米，宣布加盟小米担任全球副总裁负责海外业务，爆炸性十足。每次小米发布会，都有数千铁杆米粉购票入场，场面激动火爆，丝毫不亚于演唱会的声势。事后经过各大媒体的一番报道，小米的首发自然被宣传得众人皆知，小米的关注度也在迅速提升，而所有米粉则在翘首企盼新款小米正式发售的日子。

小米这次造势宣传更是牵动了全球风险投资者的神经，从俄罗斯风险投资巨头踊跃注资谈判的消息看，这一次首发在国际上的影响更大，而小米在金融市场上的价值更加凸显。

有些人抱怨小米销售采取的“期货模式”，因为大量想买小米手机的人在网上抢购不到，认为这是雷军的营销策略，所以心中不满。不过小米的期货模式却非有意为之，而是因为手机行业都是这样，最新款在初期 1 ~ 2 个月出货量有限，这是硬件的规律，需要一个爬坡的过程。

小米从全球采购硬件，由富士康和英华达代工，很多环节小米并不能控制。不过小米公司会尽量缩短这个时间表。另外小米被认为是期货模式，还有一个原因就是小米有意减少库存的压力，订货量也一直较为保守。每次网上预约发售的时候，总是发售 10 万 ~ 30 万部，卖完了才考虑下一批预约发售的情况。

期货模式也讲出了小米非常重要的秘密，就是利用了摩尔定律。小米新款采用最高端的元器件，一开始卖 2 000 元，没利润。但是电子产品市场行情变化快，每个季度元器件都会降价，成本自然降低；而且随着小米公司销量增大，成本也会下降。由此，随着时间的推移，小米公司获得了双重的成本下降，自然就弥补了一部分低价策略的损失。

创新启示

在移动互联网时代，互联网公司的“抢首发 + 期货模式”无疑能促进产品的销售，为企业带来利润。抢首发能让产品销售赢得先机，期货模式能够最大限度地促使用户购买，减少风险，降低成本，这对企业的发展具有很大的推动作用。

“饥饿营销”是最合适的营销策略

对于小米科技这样的初创企业，资金压力不言而喻，不过饥饿营销这样的销售策略将会出现巨大的改变。

——雷军回应小米手机“饥饿营销”如是说

抢首发是因为小米有技术优势，而期货模式则是因为小米前期发展迅速但是产能略有不足。令人意外的是，这两种情况结合在一起，却无意中成全了小米“饥饿营销”的营销模式。

“饥饿营销”，是指商品提供者有意调低产量，以期达到调控供求关系、制造供不应求假象、维持商品较高售价和利润率，以及维护品牌形象、提高产品附加值的目的。小米的“饥饿营销”和“期货模式”有很大的关系，所以说小米的“饥饿营销”既有产量限制的原因，也有其有意策划的一面。

如果说2010年小米1上市的时候，不了解市场，不敢多生产尚且情有可原。但是当小米上市时，已销售出300多万部却还把握不住销量就让人有些奇怪了。所以小米的销售策略只能是有意为之。虽说通过“期货模式”，等到硬件降价之后才加大销售可以获取更多利润，但是如果新品推出势头正猛的时候不去销售，非让客户等，难道不怕客户转而去买别的品牌的手机，最终落得鸡飞蛋打？所以，这个“饥饿营销”一定要把握合适的度。“饥饿营销”的本质是拉伸了产品的生命周期，但是如何拉长有策略的。

小米1上市到小米2上市中间隔了一年时间，如果照这个研发趋势，那么小米3的上市至少也要一年时间，这一年的时间要“规划着用”。雷军通过对产品定位、人群分析以及对米粉数量等数据的了解，完全可以预估出小米2可能的销售数量。比如说，这个数字是700万台，他完全可以一次下订单让厂家生产，然后敞开销售，卖完即止。但如果采取这样的策略，那么除了在开始的第一个月会出现抢购的高峰，第2～3个月销售比较热之外，以后的销售会趋于平稳。市场上每天都有新的智能手机诞生，性能可能比小米更好，价格也更低，这样在一年的剩下几个月中，小米2将失去市场的关注，销量也会逐渐下降。那么等新的小米3生产出来，小米又需要重新开始下一年度的宣传，这样小米就会慢慢流于平庸。

通过“饥饿营销”的方式，隔一段时间集中预售一次，虽然仍是700万部的产量，却总让人感觉供不应求。消费者的心理是，买不到的东西、人人都抢的东西才是好东西，所以消费者会因为买不到小米 2 而觉得它宝贵。

“饥饿营销”方式取得成功的关键在于如何把握这个间隔，间隔短了起不到效果，吊不住顾客的胃口；间隔长了顾客就不愿意等了。在间隔的这段时间，宣传要跟上，让顾客随时能了解最新的进展，这样顾客才会一直等下去。小米产品一直在卖，一直供不应求，所以小米的宣传推广就可以围绕产品一直做下去，而供不应求本身就是值得炒作的话题，这样小米的品牌关注度就会一直居高不下。

“饥饿营销”要有一个结束点，拉长产品的生命周期是对的，但是这个周期不可能被无限拉长，当一个产品通过“饥饿营销”销售到一定阶段的时候，必须有后续的产品能够接上，这样才能顺利地转移需求。

对于小米的“饥饿营销”，有人支持，有人反对，但是雷军认为“饥饿营销”是小米在这个阶段最合适的营销策略。小米从来不在媒体上做广告，其关注度却不在三星和苹果之下，俨然成了国产手机中最著名的品牌，也是单品销量最高的品牌，不得不承认“饥饿营销”在其中起到了关键作用。

创新启示

对于用户来说，买不到的东西、人人都抢的东西，才是好东西，很多时候产品因为买不到而在顾客心中显得宝贵。所以，隔一段时间集中预售一次，让用户感觉供不应求的“饥饿营销”方式能起到很好的营销效果。

运营商是一个重要销售渠道

运营商已经成为了小米的一个重要销售渠道。

——雷军在小米 2 发布会上如是说

小米一直坚持通过互联网的形式进行销售，但并不是说小米放弃其他好的销售形式。通过与移动运营商合作推出定制合约机一直是国产手机的一个主要销售方式。如果手机质量过硬，运营商政策优惠，而且推广得力的话，单款破百万销量也是常事。

不过小米的名气确实太大了，虽然2011年8月才开始发售小米手机，但是小米在微信、微博、各大论坛早已做足了宣传，别看卖出的手机数量有限，可是小米手机的品牌知名度，在百度搜索的热度，以及手机用户之间口碑传播的速度，都让人觉得小米手机才是国产手机中排名第一的大品牌。

就在小米手机推出不到一个月的时候，小米便开始与中国联通合作。

2011年12月20日，小米与中国联通联合召开发布会，宣布推出联通定制合约机，并签订全年过百万的供货框架协议。

这次联通版小米手机的资费政策要求用户预存2 699元话费，如果按两年合约，零元购机最低套餐为186元套餐，选择3年合约则最低选择126元套餐享受零元购机。相比于iPhone预存5 888元、每月286元的套餐，这个价格显得非常有竞争力。这个价格又比其他国产手机品牌的合约机价格略高，让消费者觉得小米的产品比其他国产品牌更好。可见，这个定位是非常成功的。

自从小米携手联通之后，用户可以在全国各地3 500个联通营业厅以及1 000多个社会渠道授权店购买小米手机，而这些授权店中还包括苏宁电器卖场。小米本无心做线下销售，这次倒是借联通的力迅速做起了一个销售网络。不过这也对小米的售后服务提高了要求，为此小米宣布与爱施德（国内最大移动通信代理商之一）合作，建立覆盖全国28个省市的售后网点，解决销售提升之后的相关售后服务问题。

小米与联通的合作非常成功，2012年小米共售出联通定制合约版手机137万部，占小米总销量的19%。这个销量对小米来说举足轻重，对中国联通也很重要，因为联通2012年的3G用户数量发展目标为9 000万，而合约机无疑是快速实现这一目标的有利途径。

在联通之后，小米选择的第二家运营商合作伙伴是中国电信。

2012 年 2 月 8 日小米手机电信版发布会正式举行。2 月 16 日，小米电信版合约机开始接受预订，售价 2 199 元，支持 CDMA 和 WCDMA，当日发行 1 000 部首发纪念版。2 月 28 日上午 10 点电信版小米手机在小米官网发售，短短半个小时，15 万部 CDMA 手机被网友抢购一空。2012 年全年，电信版小米手机共销售出 56 万部，占小米总销量的 8%。

与运营商之间的合作，的确增加了小米手机的销量。但是，在雷军看来，对于如今的小米科技，如果借运营商之力加大宣传，促进销售自然是好事，但是不能过多依赖运营商，因为那样反倒成了给运营商打工了。

小米的硬件不赚钱，所以给运营商以及各级渠道的利润空间不大，不像其他国产手机品牌有较大的利润可以刺激运营商旗下各级代理为之大力推广。小米一向坚持网络销售，侧重点不同，所以销售策略也就不同。但是，小米与运营商之间一直在寻求合作上的双赢。小米制定了 2015 年手机销量达到 5 000 万台的目标，为了达到这一目标，小米在继续寻求与各运营商之间的合作。

创新启示

互联网时代，特别是移动互联网时代，产品依靠运营商能够取得非常好的销售效果，运营商给产品带来的是更为广阔的市场，更为巨大的用户数量，这对产品的销售具有很大的推动作用。

第四章
小米有一天要走得更远

｜ 把企业做好，再考虑 IPO ｜

小米在五年之内并没有 IPO 的打算，小米先要认认真真地把企业做好，再考虑 IPO。

——摘自 2013 雷军记者问答

雷军既然说小米五年之内不上市，就说明他对小米的发展已经有了充分的准备，拟订了战略规划。第一阶段的目标，自然是冲击 100 亿美元市值。但是这一天来得比雷军预料的早得多，2013 年 8 月小米获得第四轮融资，小米市值已达到 100 亿美元。

2013 年上半年小米共售出 703 万部手机，上半年营收已经超过 2012 年全年，达到 132.7 亿元人民币，同比增长近 140%。在之前的互联网大会上，雷军预计小米 2013 年营收将达 280 亿元人民币。

小米第二阶段的目标是什么，雷军并没有在公开场合明确表示过，但是从 2013 年半年增长了 140% 来看，雷军的野心显然比这个增长速度要大得多。他的目标是在 2015 年，实现 1 000 亿元人民币的销售额，如果这样的话同比增长将达到 350%。

由此可见，雷军提出小米走向世界，不是好大喜功，也不是哗众取宠，而是实实在在的发展需要。那么小米是否具备走向世界的条件呢？

首先是硬件过硬。最新的小米3采用了全球首发的NVIDIA Tegra 4和高通骁龙800最新版8974AB顶级四核处理器，采用超灵敏触控5英寸1080p显示屏，搭载3050mAh锂离子聚合物电池，索尼1300万像素相机，飞利浦双LED闪光灯，标配NFC及双频WiFi，拥有8.1毫米超薄机身。

其次是性价比高，小米3的售价仅为1 999元人民币，合328美元，这个价位比起iPhone5（16G）的649美元，三星Galaxy Note 3的699美元，有足够的吸引力。

当然，光靠质量好和性价比高还不够，小米若想走出去还要克服很多不足。

第一，小米在国内的品牌知名度非常高，但是在国际上却相去甚远，不用说和三星、苹果比，即使与HTC和华为相比，其国际知名度也差距较大。所以小米要想走出去，必须在国际上树立自己的品牌知名度，而这个过程不是一天两天、一年两年就能实现的，若是10年能树立起自己的品牌也足以令小米的管理层高兴了。要知道，中国那些走出去的企业，比如收购了IBM的联想，以及在世界市场布局多年的海尔，其品牌知名度也逊色于其他国际品牌。

第二，这两年小米发展迅速，由于投资者的青睐，小米的市值逐年暴增。除了小米的发烧友和1 000多万用户外，已经有越来越多的人开始关注小米，但是如何摆脱山寨机的名声，如何靠品质和独特性成为一个独立的品牌，从而可以与苹果、三星在同一个平台上竞争，这些都是小米必须解决的问题。

第三，小米缺少具有专利的独家技术手段，很难和三星、苹果这样的企业竞争。从苹果和三星的专利诉讼之争来看，专利的重要性自不待言。截止到2013年，小米申请的专利数量只有300多项，而且多为外观专利，核心技术专利比较缺乏。

由此可见，小米的国际化不仅是将产品销售到国外那么简单。小米的国际化应包括以下几个方面。

首先是产品的国际化。产品的国际化就是产品符合国际的标准，而且要有区别于苹果iPhone和三星Galaxy的独特特质。

其次是品牌的国际化。小米在国内树立了其年轻、个性的品牌文化，但是如果进入国际市场，小米将以什么样的品牌定位出现、面对什么样的人群、采取什么样的策略，这些都是需要认真考虑的问题。

最后是企业文化和企业管理的国际化。联想收购IBM，最大收获不是Thinkpad这个牌子，而是IBM作为跨国公司的经营管理方式；最大的挑战不是如何用产品占领欧美市场，而是如何与跨国公司的高管和员工共同打造联想团队。从这个角度来说，小米的国际化还没有真正面临挑战。

创新启示

对于企业来说，最重要的不是急于上市，而是要做好自己，打下向国际化突围的基础，在各方面完善自我后，国际化道路将会变得平坦许多。

进军中国台湾：不是卖手机，是考试

我们到台湾，不是卖手机，而是来考试，向HTC等世界级同行学习。我们想用几年时间获得台湾用户的认可。

——摘自2013雷军台北记者会问答

2013年4月24日，在中国大陆市场创造传奇的小米手机正式进军中国台湾市场，受到台媒与“米粉”们的热捧。虽然手机在台湾受到热捧，但是雷军却看得更远，雷军把小米进军台湾看成是一场考试。

雷军之所以这么说，可不仅仅是客套这么简单，因为台湾市场是非常成熟的手机市场。台湾不仅有HTC这样的知名手机生产企业，还有台积电这样的芯片企业，以及富士康、英华达这样的手机代工企业。小米手机正是由富士康和英华达代工生产的。

如果是几年前，小米若想进入中国台湾市场，绝对是班门弄斧。但是这几年，中国大陆的手机行业发展迅速，特别是智能手机方面已经有超过台湾地区的势头，如华为、中兴智能手机在全球的份额都已经超过了 HTC。

台湾地区的手机行业发展有着自己的特点，也就是所谓的台湾模式。台湾的手机行业多以手机设计公司和 ODM（原始设计制造商）为主导产业，它们为全球 TOP5 或者中国的 TOP3 手机厂商设计方案，甚至提供贴牌的整机。这些设计公司或者 ODM 偶尔也会打上自己的牌子销售一些产品，但是支撑业务则是“设计与制造”，而不是品牌。在这种模式下，HTC 迅速崛起，2011 年 HTC 的市值超过诺基亚和 RIM，达到 338.8 亿美元，仅次于苹果、三星，名列第三。

相对于 HTC 而言，小米成立于 2011 年，时间短暂。不管是企业规模、公司实力、技术条件等各方面都与 HTC 这样的企业有巨大的差距。所以雷军说小米到台湾不是卖手机，而是考试，绝非谦虚客套，而是他真实的想法。

不过雷军敢开拓台湾市场，自然也不会妄自菲薄，小米比起 HTC 有自身的优势。比如小米有最新、最高级的硬件配置以及超高的性价比；小米深度优化的安卓系统——MIUI 系统，每周更新，这是其他任何企业都无法模仿的；小米通过电子商务的形式进行网络销售，而且在台湾小米也有大量的米粉和发烧友，所以小米新机型在台湾市场也不愁销量。

雷军在小米手机台湾媒体见面会上说，他对于手机在台销售是零预期，他不在乎市场占有率，只在乎用户看到产品后会不会尖叫，会不会推荐给其他亲友。

此次在台预售的小米 2S 手机，零售价为 9 499 元新台币（约合 1 966 元人民币）。一上市，首批预购的手机就被抢购一空，算是搏了一个开门红。不过台湾市场上苹果、三星、HTC 已占据了前三名的位置，小米若想占据一席之地，必须做到产品过硬、营销够棒。

2013 年第二季度，在大陆市场，小米手机的份额已经超过了苹果。在台湾，小米的发展又会怎样呢？只能拭目以待了。

这次小米开拓台湾市场能否成功，对小米未来的战略十分重要。因为中国台湾和中国香港是小米走出去的第一步，第一步走稳了，才能继续开拓东南亚市场。然后进军日本、韩国这样的消费电子大国，在亚洲市场占据优势地位。之后打开巴西等南美国家的市场，从而迂回进入美国市场。

创新启示

企业如果不能成功实现走出去，那么就很难成长为一个真正的大品牌。虽然新生企业做这件事更具难度，但是只要产品能够不断完善发展，在每一个市场做好当地的系统服务，那么走出去的道路就会更容易实现。

小米是颠覆性创新的东西

小米是颠覆性创新的东西，肯定颠覆了别人的想法、看法，影响了别人的利益。

——摘自2012CCTV中国经济年度人物雷军讲话

“苹果是他的初恋，是他借以改变世界的工具。”当乔布斯这个完美主义的“偏执狂”带着他的利器iPhone和iPad征服世界时，遥远东方的另一个国度，他的粉丝雷军向乔帮主发出了挑战：我们要用小米征服世界！

雷军崇拜乔布斯，但是他知道如果一味地模仿苹果，小米肯定没有机会。但是雷军发现了移动互联网时代的巨大商机，小米不仅要做苹果这样的手机制造厂商，还要做谷歌这样的开发者平台，这样小米才能真正成长为一棵参天大树。为了达到这一目的，雷军开始了颠覆自我、不断创新的小米打造征程。

从总体上看，小米的颠覆与创新主要表现在以下几个方面。

第一，雷军创业把握住了移动互联网飞速发展的机会，坐的是顺风车，顺历史潮流而动，所以在开始的时候就成功了一半。

第二，摒弃了以前做软件行业一切都靠自己打拼的工作方法，充分利用各种可以利用的资源。

第三，充分利用互联网的优势，调动发烧友和粉丝的积极性，通过小米论坛充分吸收粉丝的意见，不断完善产品。

第四，小米手机研发团队永远走在时代的最前列，用最好的硬件、最优的技术，生产性价比最高的手机，不过它们并不自己生产，而是完全通过代工的办法，扬长避短，成为效率优先的最佳典范。

雷军认为，乔布斯颠覆业界规则并不仅仅是制造了 iPhone，更重要的是他重建了整个行业的游戏规则，建立了自己的“苹果帝国”。雷军不仅开发了提升短信和电话速度的手机操作系统 MIUI、拥有超过 1 700 万注册用户的米聊，还有过去三年在移动互联网产业链上完成的最为系统化的布局。

这一布局包括投资拥有两亿注册用户的移动互联网入口 UCweb、移动社区乐讯等，以及拥有一群肝胆相照、在各个公司独当一面的创业家们组成的“兄弟连”。更重要的是，雷军还拥有小米手机这一硬件平台。这一切，都可以成为雷军构建属于自己的“移动互联网王国”的基石。

小米的知名度原本是最难解决的问题，但是因为小米科技先做了 MIUI 的操作系统，已经有 2 000 万的注册用户，而且在各大论坛、各种网站，小米一直保持着高曝光率，所以知名度反已不再成为问题。小米 1 第一次网络销售，仅仅 5 分钟就卖光了 30 万部，充分说明了小米先做系统后做手机的成功。

当然，如果小米手机仅仅是靠网络销售降低成本，以及销售附件及周边产品获利的话，那么企业很难发展壮大。其实雷军之所以肯倾全力发展手机业务还有一个关键点，就是为了抢占移动互联网的入口。

雷军投资过 UCweb，投资过 YY 语音，也投资过许多电商网站，他发现最终的入口不是浏览器，不是 SNS，也不是那些知名度最高的应用，而是手机本身。因为其相对于 PC 的便携性，手机能够彻底改变人们在移动互联网时代的生活。这也是雷军宁肯不赚钱也要占领手机市场的原因。

有投资人曾经这样评价小米，说小米在观念上比其他企业快两年半，在技术上比其他企业领先一年半。可见，观念上的颠覆和创新远比技术上的颠覆和创新更加重要。对于雷军来说，小米颠覆的不仅仅是手机行业，也不仅仅是移动互联网，更重要的是颠覆我们在移动互联网时代的生活方式，创造全新的生活体验。

创新启示

互联网企业要想实现发展，最终走向国际，就要有勇于颠覆的精神和创新精神。颠覆不仅是颠覆以往的传统，更是对自我的颠覆；创新是对产品打造模式的创新，更是观念上的创新。

04

第四篇

马化腾：动荡的行业，要有变革的决心

第一章
始终把自己当成产品经理

以产品经理的心态做产品

我是腾讯最大的产品经理，任何一个产品我都会去看。要不然怎么能知道一个产品或者服务到底好用不好用，怎么知道问题出在哪。

——摘自马化腾接受《新京报》的采访

产品经理虽然不是老板，却是企业守门员、品牌塑造者，更是营销骨干。一个好的产品经理不但能引导产品的发展，而且能引导公司的发展。因此，产品经理也是一项有成就感的事业，是公司的“无冕之王”，行业内真正成功的产品经理往往能成就一家企业。

在创业早期，马化腾的名片上只是简单地印上“工程师”的称号。他称自己实际上是个产品工程师。至今，马化腾依旧保持着“产品经理”的心态，而且更加专注于技术和细节。对工作严肃认真的马化腾，更愿意谈论自己每天使用的互联网产品，他爱给自己的产品挑错，一看到成品就知道写代码的人有没有偷懒。

2008 年春节前的某天凌晨 4 点，腾讯即将发布新的 QQ 版本，负责该项目的技术主管还在加班。此时，他收到了马化腾的一大堆问题，从产品界面、用户体验到一些技术细节。马化腾问这位技术主管：“有没有进行用户调查，新版即时通信的这些问题是不是真需要改进？”一周后，这位技术主管坐到了马化腾的面前，他告诉马化腾，部分问题可修改，部分问题则不需要修改。因为通过调查，产品原来的设计正是用户需要的。

“这件事对我影响还蛮大的，你可以想象，在凌晨时分，蓬头垢面的大老板，布满血丝的眼睛，敲几段意见给员工，那种洋溢的热情真的挺让人感动。”这位主管说。

对产品充满了敬畏，所以他才会如此认真。当年 QQ 邮箱脱胎换骨，超越微软，马化腾功不可没。腾讯找出了 400 多个问题进行优化，其中 300 多个问题是马化腾发现和提出的。虽然 360 和腾讯“打”得不可开交，但周鸿祎多次赞扬腾讯的微创新，他内心是赞同和尊重马化腾做产品的“拼命三郎”精神的。

行业内公认马化腾是最好的产品经理。互联网公司的管理者与其他行业是不一样的，必须亲自在最前线，体验用户的心理和需求，一切围绕产品，将产品的服务做到极致，所有管理和工作都要围绕产品和用户体验展开，不能为了管理人或 KPI 而管理。

产品经理的要求很高，一般的技术人员很难做好产品经理，在很多公司，总经理才能做产品经理。因为产品经理既要具有把握产品特点、分析市场方向的能力，又要善于沟通，能沉下心来做很多细致的工作，包括设计产品的细节。

产品经理首先要研究产品，了解市场，并能准确把握市场需求和用户心理，这样才能宏观掌控一个产品。在这个过程中，由于工作横跨开发、测试、运营、市场等多个环节，产品经理的沟通能力就显得至关重要。

另外，产品经理的心态也很重要。有两种人绝对做不了产品经理。一种是自以为是、独断专行的人，这种人很难听取别人的意见，也不懂得与人沟通；另一种是犹豫不决、优柔寡断的人，这种人在关键问题上把握不住时机，无法将产品向前推进。

创新启示

互联网行业处于不断变化中，因此企业管理者在管理过程中与其他传统行业有着巨大的区别，他们不能当甩手掌柜，也不能只关注公司内部的部门和员工，否则，

最终的结果就是被抛弃、被淘汰。

把产品核心能力做到极致

核心能力要做到极致。要多思考如何通过技术实现差异化，让别人做不到，或通过一年半载才能追上。

——摘自马化腾在腾讯研发部《产品设计与用户体验》的内部讲座

一般来说，企业能否持续发展，一个很关键的因素是企业能否关注核心能力，并将其做到极致。稻盛和夫指出，核心能力是企业在长期经营中形成的独特的、动态的能力资源，支持着企业现在及未来在市场中保持可持续竞争优势。

马化腾特别强调产品的核心能力。在他看来，任何产品的核心功能，其宗旨就是能解决用户在某一方面的需求，如节省时间、提升效率等。腾讯就是要将这种核心能力做到极致，通过技术实现差异化。

这个想法落在产品设计上，就是将产品在某一方面的功能做到极致化，给用户带来更多的惊喜，以便与市场上的现有产品产生明显区别。马化腾认为，腾讯不能做别人有我也有的东西，否则排不上第一，如果让用户缺乏第一次体验产品时的惊喜，就会失去用户的认同感。

针对有人指责腾讯的品牌和产品过于低龄化的问题，马化腾说了这样一段话："品牌不是自己封的，一定要有实实在在的产品，满足各个阶层的人，他们认可了，会给你这个品牌赋予很多内涵。但是，如果你的实力和胜算不到 70%，那么就把你的精力放在最核心的地方。当你的产品已经获得良好口碑，处于上升期后，再考虑这些。"

获得用户的认同感，无疑需要良好的口碑，极致的核心能力在其中又显得极为重要。在腾讯，一个产品在没有口碑的时候，不可以滥用平台。在马化腾看来，将产品的核心能力做到极致，产品自身就能召唤人，就容易在用户体验中产生良好的口碑。

在企业管理软件市场，SAP 曾是一家呼风唤雨的公司，但是随着市场竞争日益激烈，尤其是同类公司的不断出现，SAP 的市场拓展难度越来越大，对这个“软件大鳄”来说，显然不是什么好消息。事实上，2009 年，SAP 公司的总营业额比上年下滑了 8%，而传统业务，软件许可证收入则下滑了近 28%。

在如此艰难的情况下，如何让公司走出困境呢？SAP 认为，市场上虽然有很多软件公司，但是这些公司往往四面出击，将战线拉得很长，短时间内可能获益，但是长此以往，很难保证始终赢利。

最终，SAP 找到了一条适合自己的道路，那就是决不放弃软件业务，尤其是商业软件业务。通过坚守核心产品的业务，不断提升产品的核心能力，SAP 公司抓住了自己的特长，并通过努力巩固了自己在商业软件行业的领导地位。经过一年左右的调整，SAP 公司很快摆脱了业绩下滑的困境。

因此，企业的核心能力要得到市场认可，必须通过企业的产品反映出来。企业是一种或几种核心能力的组合，通过它，企业虽然可以衍生出许多的业务单元，也可以跨越传统的市场界限和产品界限，但是企业的核心能力仍需通过核心产品及其组合，也就是企业的核心业务表现出来。

创新启示

产品经理应该注重核心能力。核心能力不仅体现在功能方面，也体现在性能方面。如果企业是一棵大树，那么核心能力就是树干。如果企业的核心业务能依托核心能力形成一种对内兼容、对外排他的技术壁垒，就能在纷繁复杂的市场中保持竞争优势。

产品创造要以用户体验为依归

在研究用户需求上没有什么捷径可以走，不要以为自己可以想当然地猜测用户习惯。

——摘自马化腾在腾讯研发部《产品设计与用户体验》的内部讲座

不同于传统行业，互联网产品研发团队和用户感受的交互是非常快的，用户如果不喜欢新的产品或功能，马上就会“把你骂得狗血喷头”。所以，要把用户体验当作是产品创造的依归。企业要想做好用户体验，就要充分了解用户的需求。

在具体操作中，每个产品团队都有自身的经验、风格和对用户的敏感度，反应机制也不尽相同。但从用户反馈的终端来倒推，好的产品团队往往具备多年的经验，并且对用户的需求变化非常敏感，和用户互动时非常用心。如微信团队，之前是做QQ邮箱的，在进入微信这一手机应用之后，团队成员之前在用户体验方面的很多经验都有助于他们把握新产品的用户需求。

了解用户的真正需求，是一件困难复杂的事情，就像1 000个人心中有1 000个哈姆雷特的形象一样，只有走进用户的内心，才能把握用户的真实想法。QQ飞车团队一直以来奉行的开发运营策略中很重要的一条是：真正了解用户需求。在不断改进产品的过程中，QQ飞车团队主要采用以下几种方式倾听和获取用户的直接需求。

一是飞车论坛。这是目前互娱游戏产品论坛中唯一拥有“策划交流区”板块的论坛，策划团队成员会定期在该板块中收集玩家建议，作为后续版本开发和优化方向的重要参考。

二是QQ群。QQ群是一个很好的沟通工具，策划团队的每个成员以及主要的开发团队成员的QQ上都拥有超过100名以上的玩家好友以及超过10个以上的飞车游戏相关QQ群。这些资源帮助飞车团队第一时间把握用户动向，洞悉用户需求的宝贵财富。

三是定期的用户调研。这是飞车团队的必修工作，每个版本发布后都会有版本满意度调研，对于将要上线的各类玩法和系统，QQ 飞车团队会组织玩家进行多次 CE 和 demo 体验，由此了解用户对游戏的满意度以及需求变化。

四是 QQ 飞车团队实现 7×24 小时对数据的监控以及异常数据变化预警。团队的每个成员都保持对数据变化的高度敏感，第一时间对引发异常数据变化的根源进行紧急处理，对数据趋势进行分析。

由此，QQ 飞车团队通过对产品开发和运营策略进行有效调整，QQ 飞车在获得用户满意的同时，也得到了用户的肯定和认可。

QQ 飞车的成功经验告诉企业管理者，依靠用户体验来打造产品至关重要。人类社会正在逐渐走向“体验经济”的时代。IT 产业的生命周期相对较短，人才、技术和产品的更新迅速。在这种环境下，保持公司优势的传统做法是微软模式，即技术不断升级，或以 IBM 为代表的模式，即服务不断升级。同时，由于技术实现与需求的关系已经达到过饱和状态，在革命性的技术变革出现前，小规模技术改进对需求几乎没有任何刺激。这时，“产品与客户共鸣”“制造让客户难忘的体验”成为了新时代先发企业的制胜法宝。

用户体验不是一切，这句话对小型公司尤其有效。大公司一般有专门的设计部门，他们的追求是将产品做到极致，用户体验当然是重要的环节。小公司在关注“体验”的同时，还要把关注的重点放在产品质量上，将产品的核心功能做到极致，这样才能成功。

创新启示

企业得以生存，依靠的是顾客愿意购买你的产品。这正应了那句话：“你让顾客满意，顾客才会让你满意；你满足了顾客的需求，顾客自然也就满足了你的需求。”从这个意义上说，重视用户体验就是满足顾客的需求。

第二章
互联网企业思维决定发展

| 精品打造一刻都不能放松 |

不是比用户多、产品数量多，而是希望真正做到质量上有口碑，提到腾讯就是精品。

——摘自马化腾在腾讯 2012 年年中战略管理大会上的讲话

面对人员越来越庞大、层级越来越复杂的现状，腾讯究竟该如何走好接下来的路？2012 年 9 月 20 日至 21 日，在深圳龙岗召开的 2012 年年中战略管理大会上，马化腾对上述问题给出了明确的答案——“聚焦用户，打造精品”。

“聚焦用户，打造精品”，这是腾讯 2012 年年中战略管理大会的主题，也是腾讯务实发展、稳步前行的可靠路径。会议期间，来自全国各地以及美国、韩国等海外分公司的近 130 名中高层管理干部齐聚深圳龙岗，围绕“精品”战略展开讨论。除了产品以外，组织管理也成为了本次会议的重要议题。会议认为，经过组织架构调整的腾讯，更应该在专业领域精耕细作，打造优质用户平台，不断满足用户的内在需求。

会议期间，马化腾指出，在产品上公司需要转变，从数量到质量，真正做到质量上有口碑，出精品。在管理上，腾讯要从粗放式的成长转变到精细化的发展，更多地把精力放在内部，挖掘人员的潜力。他希望管理干部能够齐心协力，聚焦用户，打造精品，并且推动公司管理的转型，打造精兵强将组成的队伍，为用户创造更大的价值。

腾讯的精品打造战略一直贯穿于企业经营的各个环节，微信就是这样一款精品。如果说，2003 年以前腾讯的即时通信（IM）奠定了“腾讯帝国”的基础，那么，2011 年以后的辉煌应该属于微信。

2011 年 1 月 21 日，腾讯推出了一款通过网络快速发送语音短信、视频、图片和文字，支持多人群聊的手机聊天软件——微信。用户可以通过微信与好友进行形式上更加丰富的联系。

2011 年 1 月 21 日，微信诞生；2012 年 3 月，微信用户达 1 亿；2012 年 9 月 17 日，微信用户破 2 亿；2013 年 1 月 15 日晚，官方宣布微信用户数过 3 亿。从 2 亿到 3 亿，仅用了不到 4 个月时间……

这样一个杀手锏式的产品，不仅改变了腾讯在人们心中的形象，也让马化腾下定了做精品的决心。以往腾讯看见一个新市场领域，就推出一款新产品，现在这种做法已经不适用了。马化腾提到，打造产品的重点要从“数量”变为“质量”，做出令用户喜爱、令自己感到激动的产品。怎样才能打造精品呢？

打造精品的重点是回归本源。马化腾说：“我们过去自主或不自主地经常被行业的噪音所误导，有时候头脑发热，做一些现在看起来很傻的事情。”马化腾所说的很傻的事情包括在早年的 SP，包括网游的初步试探，包括电子商务、搜索、团购等。他指出，腾讯之前“忘记了自身的条件，忘记了我们的根基在什么地方”。现在，腾讯产品战略的变化，可以用一句话概括：“有所为，有所不为。”

打造精品的前提是要聚焦用户。市场瞬息万变，现在的公司与以往相比，用户对产品的包容度越发严苛，唯有因时而变，明白用户需要什么，把用户价值放在第一位，才能取得长远的发展。

创新启示

在市场经济条件下，商品营销对企业的生存发展起着决定作用。然而，营销不仅仅是一种艺术或技巧，更是主体品牌的营销，品牌要想取得竞争优势，就需要不断打造精品。所以，企业要重塑小公司的创业特质，激发激情、快速响应，引领技术和体验的创新，打造让用户惊喜的精品。

| 模仿并不丢人 |

我认为，模仿并不丢人，但模仿有两个基本的要诀：第一是选择模仿的对象；第二是把握模仿的时机。

——摘自《马化腾：第三者的颠覆型模仿》

牛顿曾说："我之所以能取得如此辉煌的成就，只是因为站在了巨人的肩膀上。"这里固然有牛顿自谦的成分，却也道出了一种创新的途径。我们完全可以向"牛顿式"的创新者学习，为自己设置一个更高的目标，站在这些巨人的肩膀上超越巨人。

腾讯公司的众多产品都有模仿的特性，无论是即时通信工具、门户网站，还是网络游戏，甚至C2C电子商务网站拍拍网，马化腾无一例外都是在模仿既有模式。但问题并不是这么简单，因为腾讯无论模仿什么，最后都能青出于蓝，把对手甩在后面。腾讯显然不是光靠模仿而纵横互联网的。马化腾深知，模仿是需要创新的。他不盲目跟风，也不无端创新。他选择的是学习最佳案例，然后超越他们。

马化腾深谙网民需求，OICQ在设计之初就确定要考虑用户的使用习惯与需求。以实用、够用、反应快为主要出发点，马化腾和合作伙伴考虑了多种相关协议，使产品兼具使用性和发展性。马化腾把自己定位成一名挑剔的用户，针对相关产品的“缺陷”下工夫，如ICQ只能按照用户提供的信息寻找好友，而OICQ就可以通过网上查询直接寻找好友。

马化腾的创新理念很早就渗透到QQ的诸多产品中，如离线消息、QQ群、QQ表情、移动QQ、QQ秀等。产品的创新与技术革新让马化腾获得了庞大的用户群，对稳固整个腾讯体系起到了关键性的作用。

整个互联网的发展模式几乎都是在模仿中创新，腾讯并不是唯一。有业内人士认为，大公司以垄断的形式模仿，会扼杀中小型互联网企业的创新。但新兴互联网企业往往也是从模仿大公司开始的。

腾讯在多个应用领域取得成功，并非仅靠模仿。它为什么能让对手感觉到威胁呢？一方面是因为腾讯模仿了其应用，另一方面腾讯具有稳定的用户群，并将程序按照用户体验进行创新，这才是腾讯让竞争对手感到恐慌的根本原因。

模仿并不丢人，这是腾讯对创新的理解。任何创新都是站在前人的肩膀上做出的，创新从来不是无中生有。其实，互联网时代存在很多的模仿式创新，搜狐、新浪等门户网站模仿了美国的雅虎，李彦宏的百度模仿了美国的Google，李国庆的当当网模仿了美国的亚马逊公司……这样的案例还有很多，究竟应该如何看待这种现象呢？

中国互联网协会专家郭涛表示，互联网的很多核心技术其实都不在中国，包括支付宝、腾讯、视频技术等都是从国外引进的。实际上很多被模仿者也是最初的模仿者，大家都模仿了国外的同一商业模式，那么谁的技术更先进，谁的文化移植更易被接受，谁就能取得成功。

由此我们不难发现，马化腾主张的创新要站在前人的肩膀上，对企业的发展有很大的促进作用。但是需要注意的是，模仿创新并不是盲目进行的，而是朝着既定目标进行的创造性模仿。模仿创新在最初阶段都要经过一个学习过程，向前人学习其优秀之处，吸取其精髓，在后期就要加入自己的思想和创意，通过独特的创新，创造更大的成功。

创新启示

创新有多种形式，它不仅是指开辟一条前人从未走过的道路，而是说可以站在前人的肩膀上，尝试着走一条别人已经走过的路，并且走得更好。

“稀缺性”是破解免费魔咒的武器

不要被“免费”吓倒，拥有“稀缺性”就拥有了破解免费魔咒的武器。

——摘自 2010 马化腾《关于互联网未来的 8 条论纲》

十年前，全球互联网的成功案例，几乎全是用免费的产品和服务吸引海量用户，然后通过广告、增值服务或其他虚拟产品收费来获得成功，雅虎是这么走过来的，Google 是这么走过来的，Facebook 也是这么走过来的，至于新浪、盛大、百度、QQ、阿里巴巴、淘宝等都是这么取得成功的。

在免费的形态下，企业如何能够依靠“收费”获得成功呢？马化腾认为拥有“稀缺性”就拥有了破解免费魔咒的武器，正如他所说：“并不是所有有价值的东西都可以在市场中找到价格，如空气对所有人都非常重要、很有价值，但是没有人买卖空气。为什么呢？太多了，这里面提到一个价值的重要前提，就是稀缺性。”洛克王国就是马化腾依托这一理念打造的产品。

洛克王国是腾讯专为儿童打造的一个在线社区，洛克王国的季度用户达到 4 500 万，做大量的玩具和文具的授权，同时洛克王国的第一部大电影上线也取得了不错的票房。

洛克王国的成功就是因为腾讯掌握了“稀缺性”策略，以“稀缺性”破解免费魔咒。关于如何更好地实现收费，腾讯的策略是利用腾讯的平台优势，如QQ平台、网络社区，甚至在微信平台上，将互联网的形式结合到IP开发和内容运营里，在创造更多、更丰富用户体验的情况下，让用户愿意为它付费。

通过稀缺性促成收费能够成功。那么，制造稀缺性的方法有哪些？

第一是有一个长期的大量品牌投资；第二是营造一个独特的体验；第三是塑造明星。

对稀缺性的投资是大势所趋，腾讯的正确决策将是其持续赢利，立于中国互联网行业不败之地的“秘诀”。

用“稀缺性”实现赢利，并不是马化腾独有的想法，法拉利董事长卢卡·迪·蒙特泽莫罗也是这一理念的忠实推行者。

2013年5月8日，法拉利董事长卢卡·迪·蒙特泽莫罗在马拉内罗举行的Formula Ferrari全球新闻发布会上正式发布了最新的全球战略，并介绍了公司的核心业务领域。蒙特泽莫罗表示：“我希望法拉利保持绝对的稀缺性。”

蒙特泽莫罗宣布了法拉利第一季度取得的丰硕成果，共销售了1 798辆公路跑车（不包括预售的La Ferrari），同比2012年第一季度增加了4%，营业收入也增加至5.51亿欧元，同比2012年第一季度增加了8%。此外，营业利润增长了42%，达到8 050万欧元；净利润增长了36.5%，达到5 470万欧元。

蒙特泽莫罗强调了2013年他对法拉利的愿景与规划：全球产量将控制在7 000辆之内，以确保品牌与产品的稀缺和尊贵。

这就是卢卡·迪·蒙特泽莫罗的“稀缺性战略”，关于这一理念，他曾解释道：“我希望法拉利保持绝对的稀缺性。法拉利就像一个风华绝代的佳丽，值得所有人等待，每个人都渴望拥有。这些想法和理念深受恩佐·法拉利的影响，如果我们控制产能，市场上将不会遍布法拉利的身影，现有车主们的法拉利跑车也因此更为稀有与保值。”

所以，品牌要想长久立于不败之地，在众多产品中脱颖而出，赢得消费者青睐，稀缺性扮演着举足轻重的角色。企业要想发展，就要打造“稀缺性”产品，特别是对于互联网企业来说，稀缺性是破解“免费”的杀手锏。

创新启示

如何打造稀缺性的产品是每家企业都渴望探究的秘方。简单来说，就是要制造“人无我有”的产品和服务，在保证品质的同时，控制数量，体现其独一无二的尊贵价值。当然稀缺性产品的打造并不是一件简单的事情，需要独特的创意和卓越的技术支持。

第三章
“灰度法则”促进企业发展显奇效

| 容忍失败，适度浪费 |

并非所有的系统冗余都是浪费，不尝试失败就没有成功，不创造各种可能性就难以获得现实性。

——摘自《马化腾致信合作伙伴：灰色法则的七个维度》

马化腾一直在思考腾讯是否会被颠覆。马化腾说，要颠覆的一定不是现在大家所看到的同一个产业，这个产业重兵把守，很难完全从同一个路径上挑战，甚至没有这个必要。但我们会从大家不注意的地方，从另一角度解决用户需求，利用科技创新，利用终端变化，也可能有硬件结合，或跟某一个传统领域结合。

在微信之前，先后有几个团队基于不同的设计理念和实现方式在研发手机通信软件，失败与浪费是不可避免的。这是腾讯研发团队常见的情况。马化腾说："在创新面前，我们要允许适度的浪费，因为没有竞争就意味着创新的死亡。"

2003年，随着一款名为《凯旋》的网游公测，腾讯正式进入网游市场。一切的结合看起来都那么完美：韩国科学院顶级技术力量，次时代的全3D引擎，韩国、中国台湾市场前期的成功，中国网游市场日趋成熟，结合腾讯的用户优势、运营能力、用户理解……可最终，腾讯抱有很大期望的这款游戏却无疾而终。

"之后我们进行反思，当初选择游戏的时候，对于重视游戏的画面、用户体验，这是典型的产品型视角，"腾讯互动娱乐事业群副总裁程武说，"可是这款游戏门槛比较高，难以上手，甚至中国很多网吧电脑的显卡都不支持。做这款游戏并没有真正从中国本土的实际情况和用户需求出发。"

这次失败的教训促成了腾讯之后做游戏最重要的几条准则。腾讯让人保有敬意和惧意的"耐心"在其后几年里被证明，《凯旋》的技术积累、创意积累和人才的积累被保留了下来，而什么才是真正的用户需求，成为之后腾讯互动娱乐团队持续思考的问题。

这就是腾讯"容忍失败，适度浪费"的理念。马化腾经营腾讯的时候，一直贯彻这一理念。2013年1月，腾讯发布声明，升级移动互联网战略，旗下移动互联网事业群（MIG）将聚焦移动互联网基础平台，承担起移动互联网的底层安全责任，以便更好地拥抱移动互联网发展趋势，探索和孵化更多新业务。

腾讯的无线部门成立于2006年，当时距离移动互联网还有点远，让每个PC端的部门单独做移动互联网，不一定有积极性，而且人才也不够。单独成立一个部门，在移动互联网做整体规划和探路工作，或许会面临失败，也存在大重组之后的浪费，但是这种战略无疑是更优的选择。

在这个背景下，腾讯的无线部门做了手机QQ、手机游戏、QQ音乐安卓版、腾讯移动新闻、手机浏览器、手机管家、街景地图等产品。这再次证明了"容忍失败，适度浪费”理念的正确性。

美国商界流传着这样一句话：“一个人如果从未破产过，那他只是个小人物；如果破产过一次，他很可能是个失败者；如果破产过三次，那他就完全有可能无往不胜。”马化腾“容忍失败，适度浪费”的企业经营理念对现代企业管理者有重要借鉴意义。企业在发展的过程中应当允许适度浪费。某些领域在早期探索阶段，存在不同路径和演进方向，需要同时有两三个团队推进。通过这样的内部试错，能增加成功的可能性。当研发进行到一定阶段，路径更为清晰后，团队之间再进行调整和合并。

创新启示

失败的经历是一个人非常宝贵的财富，因为它为你积累了丰富的经验。失败意味着你在学习不败之法。或者说，失败在郑重地提醒你改换行为方式，或告诉你“此路不通，另寻他径”，通过新的选择，开辟新的成功之路。适度的浪费也是允许的，因为只有不断的试错才能带来企业的发展。

小步快跑，快速迭代

在互联网时代，谁也不比谁傻 5 秒钟。

——摘自马化腾《致合作伙伴的一封信：何谓腾讯 14 年磨出的“灰色维度”》

互联网企业的生产有个独特的景象：一个月一个版本！一个产品的打造往往是 1 ～ 2 周的时间做界面设计，并且大部分进度是与开发重合的。产品经理根据用户反馈和竞争对手的情况做需求，界面设计和开发同步进行，测试时间更短。

这一切都要归结于互联网是一个快速发展的行业，每天都有新的事物产生，用户需求的变化非常快。Zynga 是一家发展非常快的互联网公司。从 2007 年 6 月马克·平卡斯等 6 人创办以来，仅仅一年多的时间，这家公司的月度活跃用户就已经超过 2 亿。在 2011 年年末上市时，这家公司的市值已经达到 60 亿美元，而同样的社交网站 Facebook 足足用了 5 年时间才突破月度活跃用户 2 亿。显然，Zynga 走过的路要比 Facebook 平坦很多。

互联网行业对速度的要求非常高，一旦速度跟不上，就会被淘汰。所以一个月一个版本，更能抓住用户需求的变化，也有更多的机会尝试创新。没有所谓一步到位的划时代的创新，任何一个创新都是建立在已经存在的事物上而渐进发生的。

对此，马化腾有自己的理解："市场从来不是一个耐心的等待者。在市场竞争中，一个好的产品往往是从不完美开始的。同时，千万不要以为，先进入市场就可以高枕无忧。我相信，在互联网时代，谁也不比谁傻五秒钟。你的对手会很快醒过来，很快赶上来。他们甚至会比你做得更好，你的安全边界随时有可能被他们突破。"

对于如何应对这种"速度之争"，马化腾的建议是"小步快跑，快速迭代"。"也许每一次产品的更新都不是完美的，但是如果坚持每天发现、修正一两个小问题，不用很长时间就能把作品打磨出来。"这是马化腾对"小步快跑，快速迭代"的具体阐述，马化腾有这样的产品打造理念，同时也在打造产品的时候贯彻这种理念。QQ 截图功能就是在这样的理念下打造的。

首先提出的问题是，既然 QQ 已具备传送图片的功能，为什么不做个截图功能，作为图片来源直接发送给好友呢？

第一个版本的截图只是简单的截屏，发送给好友。在之后的版本中，渐进地在截图功能中加入了标记、文字说明等功能。现在，截图这个看似和即时通信软件不相关的功能，已成了 QQ 的重要特性之一，甚至是某些用户坚持登录 QQ 的动力。

在腾讯，渐进式创新的案例数不胜数，维持快速迭代的渐进式创新是腾讯产品持续成功的重要因素之一。

在互联网时代，提及创新就不能不提苹果。iPhone是如何出现的？看iPod的演化史，你会发现每一个iPod版本的进化：屏幕更大了，机身更纤薄了，性能和容量变化了，可以声控了……这些渐进式优化一步步发生，终于有一天，当研发iPad的工程师把多点触摸技术准备好后，乔布斯说："为什么不做个手机呢？"

即便是乔布斯，也没有在一开始就决定要生产苹果手机，他也是在经过多番周折，进行了一系列铺垫工作之后，才渐入佳境，提出了这一划时代的创意。所以，马化腾的"小步快跑，快速迭代"产品打造理念对现代互联网经营者有很大的借鉴意义。

创新启示

作为互联网企业，不要企图一步就打造出完美的产品。完美的产品都是在不断改进的基础上打造出来的，所以，企业要迅速推出自己的产品，并在推行产品的过程中不断收集用户反馈信息，根据用户的反馈信息不断完善产品。

| 自我进化，自我成长 |

那些真正有活力的生态系统，外界看起来似乎是混乱和失控的，其实是组织在自然生长进化，在寻找创新。

——摘自《马化腾致信合作伙伴：灰度法则的七个维度》

从营销时代到产品时代，从暴利时代到微利时代……时至今日，不断演变、分化的房地产业早已形成了一种共识：企业发展的过程就是自我进化的过程，提升产品品质、质量和服务水准，是企业赖以生存的"生命线"。当然不仅是房地产业，自我进化和自我完善是每个行业都必须认真学习和实践的课题。

马化腾也特别重视自我进化和自我完善，他把整个互联网比作一个可以最大限度扩展协作的大生态圈，腾讯是其中一个具有生物多样性的生物群落。他期待未来的腾讯成为一个有活力的生态系统，能够自主进化、自主生长、自我修复和自我净化。在这样的系统当中，“创新不是原因，而是结果；创新不是源头，而是产物”。

其实创意、研发不是创新的源头。如果一家企业已经成为生态型企业，开放协作度、进化度、冗余度、速度、需求度都比较高，创新就会从灰度空间源源不断地涌出。从这个意义上讲，创新不是原因，而是结果；创新不是源头，而是产物。企业要做的是创造生物型组织，拓展自己的灰度空间，让现实和未来的土壤、生态充满可能性、多样性。这就是灰度的生存空间。

马化腾引述凯文·凯利的著作《失控》中的观点：一个大企业有比较成熟的流程，这会让产品、研发等受限，可能达到某一个高点后就会陷入局部优势，没办法拥有从内部创新和把握新机会的能力。所以创新往往是从边缘地方自下而上发展起来。如果企业完全自上而下，看好了再往那边走，这样企业往往没有活力，很僵化，尤其在互联网等变化特别快的行业中这种做法非常危险。

马化腾认为，对腾讯来说，一方面，对成熟的业务要用比较稳健的管理方式，另一方面，对于新兴的模糊地带鼓励自下而上的推进。后者成熟时，不能完全失控，要依靠成熟业务帮助未成熟业务。

例如，微信不是在成熟的无线业务里面诞生，而是在广州研发中心诞生。微信成型之后，腾讯举全公司之力支持微信，核心的QQ关系链、营销资源以及微博、社交网站都联动起来。

“如果说你没有营造一个环境，就会产生很多矛盾。对于腾讯来说，这是一个挑战，也是很多互联网公司会遇到的问题。”马化腾说，这就好像是大自然的生物进化一样，在不同的环境中会受到不同的外界刺激，会让局部物种产生变化，适者生存，自然会产生一些有差异性的变化，形成多文化、多基因的生物。企业的发展也应该顺应这样的潮流。

现在，还没有与腾讯的利益链条保持一致的互联网资源，在生态系统的竞争中，只靠腾讯自己的一系列产品又远远不够。所以腾讯现在的开放和平台化进程，相对于阿里巴巴、百度等企业，更需要快马加鞭。

未来的互联网竞争就是生态系统的竞争，它考验的不仅是简单的产品能力，更是制定规则与坚持原则的能力。这些能力基于一家企业是否能够否定自己过去的经验，具备拥抱变革的能力。

创新启示

互联网企业要想在激烈的竞争中取胜，企业经营者要懂得如何审时度势，自我进化，自我完善，使企业不在竞争的洪流中翻船。在这个过程中，企业要面对很多困难，企业管理者要以持之以恒的精神坚持下去，最终企业才能实现自身的壮大。

第四章
“丛林法则”转向“天空法则”

互联网新时代更崇尚“天空法则”

一个新的互联网时代即将到来。这将是一个鼓励分享、平台崛起的时代。靠单一产品赢得用户的时代已经过去，渠道为王的传统思维已不再吃香。这个新时代，不再信奉传统的弱肉强食般的“丛林法则”，它更崇尚的是“天空法则”。

——摘自《马化腾：互联网新时代的晨光》

从被誉为“开放元年”的2011年起，大型互联网公司都开始将自己打造为开放平台，以吸引众多富有创造力的第三方开发者，进而满足海量用户的各种需求。马化腾认为，鼓励分享、平台崛起的互联网新时代已经到来。与过去不同的是，这个新时代更崇尚天高任鸟飞的“天空法则”。

QQ早在2006年就开始酝酿开放大计，历时3年开发而成的QQ2009，被称为“第三代QQ平台”，在腾讯公司内部叫作“Hummer（蜂鸟）”，取轻灵之意。

自2010年11月起，马化腾正式对外宣布，腾讯进入半年开放转型期。腾讯公司12周年纪念日（2010年11月11日）当晚，一向很少向外界输出世界观的马化腾以全员信的方式，再次强调了开放战略：“我们将尝试在腾讯未来的发展中注入更多开放、分享的元素。我们将会更加积极地推动平台开放，关注产业链的和谐，因为腾讯的梦想不是成为最强、最大的公司，而是成为最受人尊重的公司。”

腾讯的开放举措赢得了业界的赞赏。有分析人士称，腾讯真正从用户角度出发，满足网民日益增多的在线消费需求，也为第三方合作伙伴开辟了更多的商机，给中国互联网行业带来了新气象。

马化腾也讲过，参与分享的网民数量越来越多，力量越来越强大，互联网产业也随之迎来“核聚变”。原来我们所熟知的商业模式，随时可能成为泡影。每一个从业者必须认识到，如果你不能学会主动迎接，不对这种网民自由参与分享的精神保持敬畏之心，你就会被炸得粉碎。

现如今，几乎所有想称雄的互联网公司都在谈论“开放”。

“开放”本来是自由软件运动的主题词。自由不等于免费（尽管它们在英文中是同一个词——free），自由软件运动的真正目标是生产出越来越多、越来越优化的软件，而不是让用户拥有免费软件，尽管软件的自由创造客观上带来了越来越多的免费软件。那么，如何实现软件的自由创造呢？“开放源代码”是根本。只有开放，才可能让无数有创造力的个人和企业参与到软件生产中来，而不是被追求垄断利润的企业剥夺生产软件的机会。封闭的结果是为数极少的巨头的繁荣，其代价是软件创造的不繁荣。

开放和自由的真正意义在于给弱者、后来者以成长的机会，共同创造财富，实现共同繁荣，实现整个行业和社会持续的创新能力。

自由和开放是好的，这一点或许连垄断者都明白。但垄断者之所以不愿意开放，是因为他们的恐惧心理。对垄断者来说，开放就意味着自杀，所以他们总是会在弱小者要求开放的时候做出“杀无赦”的“艰难的决定”，最终的目的就是消灭强大的对手。垄断者和深受垄断之苦的弱小者内心都受一个思维的禁锢，那就是“只有你死我才能活”。只要这种思维还存在，开放就永远只是强者缓兵之计的说辞和弱者心怀叵测的口号。

如果没有一种范式转换和心智模式的蜕变，开放永远不可能真正实现。

创新启示

在互联网时代，对于互联网企业经营者来说，永远都不能以封闭的心态做企业，因为在这个时代更加崇尚“天空法则”，如果企业经营者还要以以前的思维来做产品，企业就很难取得发展。

共赢才能长远发展

对我们来说，不是把一块肉割出来给大家分，而是大家互助、互利、共赢。如果我切给你，这是零和游戏，不叫共赢。大家只有共赢，才能长远共同走下去。

——摘自马化腾接受《21 世纪经济报道》的采访

互联网需要分享，只有充分开放才能吸引更多的用户。在中国的互联网市场上，开放平台之争成为当前最大的热点之一。要开放就要做到共赢，因为共赢才能长远发展下去。马化腾就是一位特别重视共赢的互联网企业经营者。

2010年，腾讯与360进行的一场“3Q大战”成为腾讯公司开放、合作的导火索。

在那场对腾讯QQ及其增值服务的“屠龙”袭击中，腾讯因为做出的QQ客户端与360客户端不兼容的“艰难决定”，顿时成为舆论的众矢之的。两家公司因为各自绑架自身用户的做法，引发了用户的极大不满。这场大战使得腾讯品牌形象降至最低点。

必须找到更好的方法赢得市场，这成了两家公司的共识。之后，马化腾对外表示腾讯将进入为期半年的“战略转型筹备期”，转型的原则是“开放与分享”。

随着Q+的推出，第三方开发商也可以以合作者的身份与腾讯一起为QQ用户提供更细致、更有针对性的服务。马化腾说，经历此次事件后公司也在反思开放性不足的问题，过去很多业务的确是依靠内部力量，今后愿意拿出一些服务与行业内厂商进行合作，希望更多的网站能够分享腾讯的平台。

马化腾特别提到了对中小开发者的扶持政策。他认为，腾讯推出分成新政，将分成体系向中小创业者倾斜。在应用进入平台的前几个月，考虑到中小创业者的资金不充足，会通过一定的机制把收益返还给他们，这是与开发者的共赢。

腾讯公司还宣布成立腾讯产业共赢基金，预计投资规模50亿元，后来追加至100亿元，主要关注网络游戏、社交网络、无线互联网、电子商务以及新媒体等领域。腾讯还集中披露了几起投资案例，包括QQ炫舞的开发商永航、网页游戏七雄争霸的开发商游戏谷、手机游戏帝国online的开发商拉阔等。

马化腾的做法告诉我们，企业要想长久发展下去，就要互赢。互联网时代如此，移动互联网时代更是如此。根据相关部门研究分析，随着移动互联网产业快速发展以及其明朗的前景，传统互联网企业、终端企业等将加快向该领域的渗透，将服务延伸至移动互联网，并通过企业间互相合作、互利共赢，布局移动互联网全产业链。

中信银行、开心网、赶集网、佳品网等纷纷推出新的移动客户端以加紧布局移动互联网入口；金山词霸、高德则将服务延伸至移动互联网产业，推出其客户端；中国电信创新孵化项目出炉，通过创新移动业务应用，布局移动互联网。DeNA 和新浪微博、阿里巴巴支付宝和儒豹等企业间利用自身发展优势，向移动互联网全产业链延伸，互惠互利，合作共赢。仅以 2012 年 3~4 月的大事件为例，足以看出合作共赢在企业中的重要性。

俗话说“独木难成林”，企业也是一样，面对瞬息万变的经济现状，独自奋战是不可取和不明智的，唯有合作共赢，才能在时代风浪中保有一席之地。如果所有互联网平台开放的话，那么行业之间的界限将会越来越模糊，所有的企业似乎都成了互联网公司，甚至也包括传统企业。在这个开放平台的过程中，一些曾经的非互联网公司只要抓住开放的机遇，找准自己的定位，那么其未来将蓬勃发展。

创新启示

企业要想过渡到新的商业模式，生存并发展下去，开放平台是必然趋势。平台的开放，给传统企业提供了一个合作共赢的良机，这对互联网行业来说也是一种创新。在全球互联网都在走向开放的时代，互联网企业在发展的同时也必将与传统企业融合并和谐成长。

开放是态度，更是能力

开放不仅是一种态度，更是一种能力。我们需要夯实基础，稳步向前，摸索出更多行之有效的开放之路，让合作伙伴取得更大成功。

——摘自马化腾接受《每日经济新闻》的采访

在市场竞争日益激烈的大环境下，开放越来越受到企业的重视。对于开放，马化腾有自己的理解。在他看来，开放不仅仅是一种态度，更是一种能力。

开放首先考量态度。腾讯曾受到外界对其是真开放还是假开放的质疑。在开放之前，腾讯连续举办了10场“诊断腾讯”的活动，邀请了100多位专家为腾讯把脉，足见腾讯做开放平台的态度。开放是一种态度，是心态的调整。开放的另一个意义在于倾听。以前的腾讯在埋头做事，而在开放这个重大战略上，腾讯希望更多地倾听来自社会各界的声音。

除了态度之外，马化腾强调开放更是一种能力。这种能力表现在以下几个方面。

首先是安全监管能力。马化腾说，我们最担心的是安全性的问题。其实过去几年，我们一直承受盗号的压力，最高峰的时候一天盗号10万个。我们的压力很大，担心其他地方的网站对用户密码的泄露，甚至包括黑客用钓鱼网站引诱客户输入账号密码，造成账号丢失。因为最担心这个问题，在开放之前，我们做了大量准备工作，例如，可以实时检测出账号异地不正常的登陆。

其次是保护用户隐私的能力。马化腾坦言，Fackbook在全球率先打造了一个非常成功的产业链。国内自身的SNS平台，是从即时通信演变出来的。即时通信的软件具有隐私性，不是一开始就能让我的朋友，看见我朋友的朋友，本身的基础不一样，为此需要花相当长的时间才能把这个问题解决好。

最后是把坏事变好事的能力。马化腾坦承，3Q事件的正向作用挺多的，如加快步伐统一思想，再者就是要改变做事的方式，要保持对外的沟通，如跟媒体的沟通和跟开发者的沟通。国外大公司大都很注重这一点，国内企业正在转变观念，并在实践中落实这种转变。

这就是马化腾对开放的理解和在开放方面所做出的努力。互联网市场中，惊心动魄的商业竞争令人震撼，eBay惨败，谷歌退出中国，京东商城、当当、红孩子等B2C网购企业不断融资，市场生存环境越来越严峻。在现代市场中，暂时的技术、资金、规模优势都不能让企业一劳永逸。稍有不慎，对手就会群起而攻。激烈的市场竞争，逼迫企业必须进行战略调整以求更稳、更快的发展，而在其中起决定作用的就是能否开放。

当然，开放不仅仅是表表态、动动嘴，它更多地体现为一种能力。一家企业、一个行业能不能实现真正的开放，并非取决于这家企业和行业有没有开放的意愿，而是取决于这家企业有没有开放的能力。一家能实现开放的企业，才是真正强大的企业。它不仅有与其他企业互利共赢的态度，而且有能力带领整个行业营造可持续发展的生态环境，通过帮助别人成功从而成就自己，成为真正卓越的公司。

创新启示

现代互联网企业要以开放的态度来经营，同时，要培养自己开放的能力。虽然，开放平台必然会面临困难与挑战，但是只有敢于坚持开放，企业才有做强做大的可能。

05

第五篇

马云：企业发展策略高于经营

第一章
优秀的商业模式往往是最简单的

| 小就是美 |

未来的企业，小就是美，小和好更关键，更加灵活。

——摘自马云于 2012 年 9 月在第九届网商大会上的演讲

在移动互联网时代，第三方电子商务平台的快速崛起，给千万名草根创业者、小人物提供了走向成功的机会和舞台。在这个舞台上，小创业者依靠自身的灵活性，宣示未来的企业需要的就是“小而美”的企业模式。对于这一点，马云深有感触，在 2012 年 9 月第九届网商大会演讲中他说：“小而美是未来电子商务的方向，今年的评选让人们看到了草根创业的力量。”

马云为什么这么说呢？因为他掌握了移动互联网时代企业发展的规律，未来是属于小而美的企业的，用马云的话说就是“Small is beautiful”。这一趋势在北京大学与阿里巴巴集团研究中心联合发布的《谁在开网店》中可以看出来，这项报告显示 70% 的网店经营者为兼职卖家，白领、待业青年、在校学生、家庭主妇、农民、退休老人成了网店店主。不但创业的主体更加平民化，网店经营的内容也更是趋于平实化，农产品、手工艺品、地方特产等都成了网店经营商品。

这些电商有一个共同点，那就是店家规模小，总投入少，机动灵活性强。正是这种小规模的经营模式成为当今电子商务的主体。在马云看来，小批量生产、小规模经营是未来电商的重要组成部分，也是未来电商的重要趋势。小的也是美好的，因为小电商创造力强，生命力旺盛，发展力强大。

企业不可盲目做大，否则非但不能促进企业的发展，反而会阻碍企业的发展。企业小就是美，小可以让企业运转更灵活，让企业不至于出现尾大难掉的局面。

创新启示

随着市场经济的发展，企业之间的竞争日趋激烈，要想在竞争中取胜，企业就要具有一定的商业规模，而商业规模并不是越大越好，关键是看是否与企业发展相适应。对于电商经营者来说，未来的趋势是“小就是美”，所以企业经营者要在“小”上下工夫。

为虾米服务，放弃追逐鲸鱼

海洋里面不可能只有几条鲸鱼、鲨鱼，而没有大量的虾米。没有小的东西，鲨鱼、鲸鱼都会死掉的。

——摘自马云于 2007 年 8 月在湖畔学院的讲话

马云面向的是占有企业总数 85% 以上的中小企业，而不刻意追求做大企业的生意。马云把小企业称为“虾米”，把大企业比作“鲸鱼”，他说“我比较在意中小型企业，在海里有的人喜欢抓鲨鱼、抓鲸鱼，但是我只会抓虾米。我相信虾米可以驱动鲨鱼，同样，大企业一定会被中小型企业所驱动。工业时代，企业凭规模、资本来取胜，但是信息时代企业取胜靠的是快速反应。我希望用互联网、IT、电子商务武装中小型企业，使它们可以迅速强大起来。”

马云之所以盯紧“小虾米”，是因为他对中小企业有很深的了解，并且深知阿里巴巴自身的成长经验。

2003年的冬天，马云去沈阳查看市场，顺便见了两个客户。其中一个客户见到马云时拉着他的手说："我真想把你供起来。"马云问对方为什么这么说。原来，那位客户的生意依靠阿里巴巴网有了很大的发展，2003年这位客户一共有60个客户，其中58个是从阿里巴巴来的。马云问他："你是做什么生意的？"客户回答说："我们是个做标牌生意的小企业。"

马云在私营中小企业发达的浙江长大，是从最底层的市场一路走过来的，他深知中小企业发展的困境，下定决心要为中小企业提供一个发展的平台，将全球的中小企业都汇集起来。为什么马云不看重大企业？因为大企业有自己的资源和渠道，小企业什么都没有，他们才是最需要平台的人。同时，在马云的眼里，小虾米并不小，小虾米集中起来可以形成强大的力量，而在现实生活中，也正是这些中小企业支撑起了很多大企业。正如马云所说："中小企业就像是沙滩上的一颗颗石子，但依靠互联网这个平台石子可以被聚集起来，用混凝土粘起来的石子们具有无穷无尽的威力，它们甚至可以与大石头抗衡，而互联网经济的特色正是以小搏大。"

马云眼光独到，他看到亚洲和发展中国家特别适合中小企业生存和发展，在中国更是要讲究以量取胜，正是基于这种想法，马云打造了中小企业汇集的平台，这一模式也取得了良好的效果，阿里巴巴每年的续签率达到75%。这就是马云"为虾米服务，放弃追逐鲸鱼"的阿里巴巴经营哲学，在这一经营哲学下马云打造了只为中小企业服务的商务平台，也是依靠这种企业经营哲学，马云打造了属于自己的"阿里巴巴帝国"。

创新启示

管理者在经营企业的时候，不一定要围着大企业跑，中小企业往往也能够为企业的发展带来益处。互联网经济的特色是以小搏大、以快打慢，互联网企业在中小企业上下工夫往往能够取得良好效果。

看得清的模式不一定是最好的模式

看得清的模式不一定是最好的模式，看不出你怎么赚钱的模式说不定最好。

——摘自马云在《赢在中国》节目中的点评

企业要想在市场上站稳脚跟，就必须有自己独特的商业模式。很多时候，模仿他人的企业经营模式往往是很难获得成功的，模仿虽然是在看清他人的经营模式下进行的，但是能够看清的商业模式并不一定是最好的。

马云深知这一点，所以在打造企业时总是按照自己独特的商业模式来进行。在很多人看来，马云的商业模式是独树一帜的，好像一直在走一条非主流的道路。虽然马云的商业模式外人看不懂、说不清，但是不难发现马云做事通常都会先人一步。

1995 年 4 月，马云联合朋友创建了“海博网络”。现有资金只有六七千元，这已是马云的全部积蓄。当时总共需要 10 万元钱，他就将家里的家具全卖了，剩下的是从亲戚朋友那儿借来的。员工除了他、他的老婆外，只有一个大学同学。尽管如此，“海博网络”依然是中国最早的互联网公司之一。多年以后，马云因此被誉为“中国互联网之父”。

马云先人一步的商业模式还体现在打造 B2B 的阿里巴巴上。当时，B2B 在全世界还没有任何成功的先例，更多的人把它看成数十年后才能实现的一种梦想。但是就是这种不被看好的模式，让阿里巴巴取得了成功。当他人看到这一模式给企业带来的利益并开始效仿时，马云又抢先一步打造淘宝和天猫，并打算把阿里巴巴变成一个“平台帝国”。

这就是马云的商业模式，他总是先声夺人，总是在他人看不到的地方发力。马云之所以这么做，就是因为他深知：“他人看得清的模式并不一定是好模式，他人看不出你怎么赚钱的模式说不定是最好的。”

在马云看来，商业模式还要不断创新。他说："今天阿里巴巴的模式不是我们未来的模式，不跟别人探讨模式，并不意味着我们没有模式，等我们跟你探讨模式的时候，我们这个模式已经成为昨天的事情。"商业模式是不断发展变化的，是随着时代的发展而不断进步的。事实就是如此，别人都看好的东西不一定都是好东西，而别人都不看好的东西也不一定是坏东西。聪明的企业经营者总是能够在他人看不到的地方发力，并依靠这种异于常人的商业模式获得成功。

创新启示

对于企业经营者来说，他人看清的商业模式并不一定是好的商业模式，往往是他人看不到的商业模式才可能是好的商业模式。企业经营者要在他人看不到的地方下工夫，如果想到了一个好的商业模式，即使不被人理解，也要坚持下去。

第二章 创新需要独特的角度

项目独特才能吸引人

一个项目、一个想法如果不够独特的话，很难吸引别人，项目竞争会很大。

——摘自马云在《赢在中国》节目中的点评

在这个充满竞争与挑战的时代，创业显得更加艰难。但总是有一些人能在创业时取得良好的效果，因为他们总能棋高一着，靠自己独具匠心的产品和服务吸引顾客的眼球。

唯有项目独特才能吸引人。马云深知这一点，所以他说："一个项目、一个想法唯有足够独特，才能吸引别人。"

在《赢在中国》第二赛季晋级赛第四场中，参赛选手张维勇陈述了自己从事的项目，他的项目是感应洁具的生产与销售，同时为客户提供专业的节水解决方案。张维勇描述完自己的项目后，马云给出了点评。

"你要走的路还很长，也许你要做好充分的心理准备，你可能会遇到屡战屡败的状况，或许你还会屡败屡战地走下去。听你讲话，感觉是在听形势报告，你的讲述听起来是全对的，但不知道怎么做。你所陈述的听起来不独特，但是你非常捍卫自己讲述的内容。或许，我讲的话是错的，但这是我真实的想法，我从来不担心自己的讲话是错的，我今天的想法就是这个。所以我要说的是一个项目、一个想法如果不够独特，是很难吸引别人的，你这个项目会面临很大的竞争，按照你从项目到计划的讲话逻辑，我找不出任何错误的东西，我就觉得一定是错误的，这是我的想法。"

通过这段话，我们不难发现，马云强调，做事情就一定要做到独特。如果仅仅是跟在他人背后做东西，一定不会取得良好效果。这与日本企业界曾提出的"做别人不做的事"相符合，这就是说做生意一定要标新立异，不能做大多数人都做的生意。这是马云对创业的理解，也是创业者成功的前提。

1994年圣诞节，马云机缘巧合和电脑发生了第一次亲密的接触：来自西雅图的外教比尔对互联网有所了解，他和马云聊互联网。比尔讲得很激动，马云虽然听得云里雾里，但还是感觉到互联网是个好东西。之后，他一直在寻找机会接触这个神秘的东西。最终，一个疯狂的念头在他的脑海中诞生：他要辞职，干Internet。这在当时的中国可谓是先行的，也是冒险的行为。但是，马云还是毅然干了起来，这也让他最终成为"中国互联网之父"。

马云的创业事迹以及创业理念给创业者提供了绝佳的创业方向，项目独特才能吸引人的眼球，才能让消费者掏腰包。但是，独特的项目不是每个人都能抓到的，关键是要有创新的理念与捕捉独特项目的眼光，这就要求对市场做深入的调研，然后仔细分析，从中寻找独特的项目。

创新启示

在竞争日趋激烈的今天，要想创业，首先必须创新，依靠独特的项目出奇制胜。这就要求创业者具备观察并捕捉潜在商机的能力，能够见人之未见，为人之未为，这样才能获得别人望尘莫及的成功。

创新要能创造实用价值

我们把淘宝融入大阿里战略的核心，将为整个行业和集团的发展创造巨大的价值，给无数电子商务的从业者提供更多公平竞争和发展的机会。

——摘自马云 2011 年写给员工的内部邮件

顾客需求是市场灵魂，也是企业能够发展的重要决定因素。创新只有得到市场认可才有意义，所以企业在创新的时候要能够准确把握目标顾客的关键需求，依靠创新为用户创造使用价值，否则所谓的创新是没有任何意义的。哈佛商学院终身教授迈克尔·波特说："单纯的、无明确目的的技术变革并不重要。标新立异的企业获得成功的关键，就是找到为买方创造价值的途径，增强企业独特性，使企业获得的溢价大于增加的成本。"

在马云看来，创新对企业来说固然非常重要，但有用的创新更重要。创新是手段但不是目的，创新的成果只有应用于实践并产生实际价值，才是有价值的，否则创新除了浪费资源与时间外，没有任何意义。

马云在打造阿里巴巴的时候，做到了创新，也做到了从中国实际出发，他在最初对阿里巴巴进行构思的时候，就确定了要做到创新，同时要从中国国情、阿里巴巴自身特点出发，力求打造一款帮助中国企业出口，帮助国外企业进入中国的平台。为了更深入地做到依靠创新来为客户创造实用价值的理念，阿里巴巴推出了阿里巴巴即时聊天工具，这款聊天工具虽然没有QQ强大，但是能为用户网络交易、交流提供方便。

在谈到新雅虎中国的设计时，马云认为，酷不是本质的东西，他不希望创造酷的雅虎，而是要创造更为实用的雅虎。在马云看来，一个产品最重要的是其实用价值，而不是创新本身，阿里巴巴的任何技术创新都不是为了追逐市场，而是为了为客户创造价值。

没有客户的创新是毫无意义的。美国本土几大汽车制造商以及凡世通、索尼和柯达等大公司，都曾是各自行业里的领导者，但现在都已被善于创新的竞争对手赶超，纷纷让出了行业第一的宝座。究其原因，关键是因为这些企业的创新没有建立在为用户创造价值的基础上，因而不能让人们心甘情愿掏钱购买产品。

创新启示

企业经营者要创新，但是这种创新要建立在能够真正为客户打造完美体验的基础上，否则创新是毫无意义的。为了创新而创新，企业注定是要失败的。这就要求企业的创新战略，一定要建立在消费者需求的基础上，一定要能为用户创造使用价值。

怕犯错误，就不会有明天

阿里巴巴要想走向创新，很重要的一点就是不要怕犯错误。怕犯错误，我们就不会有明天了。

——摘自马云在湖畔论道中的演讲

企业要创新，从另一个层面上来说就是在冒险，冒险的过程中就难免会犯错误。要创新，就不要怕犯错误，否则就不会有明天，这是马云对创新的看法。在马云看来，移动互联网产业是一个新兴产业，没有经验可以借鉴。对任何一家互联网企业来说，都不可能避免犯错。所以，企业管理者没有必要害怕犯错误。

马云在经营企业的时候，始终都在创新，在创新的过程中始终都没有怕过犯错误。这一点在他谈到阿里巴巴的时候体现得更为明显。

阿里巴巴最大的财富不是我们取得了什么成绩，而是我们经历了很多失败，犯了很多错误，我说阿里巴巴一定要写一本书，书里的内容是阿里巴巴曾经犯下的错误。你看了就会笑着说，那时候我也犯过这些错误。但是，有一天如果有重要项目要做的话，最明智的做法不是派常胜将军上去，而是派失败过的人上去，因为失败过的人，会把握每一次机会。今天的我们看起来很风光，但是之前我们犯了很多错误，并且之后还会犯很多错误。

通过马云的话我们可以看出，阿里巴巴就是在不断犯错的过程中成长起来的。马云不怕犯错误，因为他知道如果怕犯错误，就不会有阿里巴巴的成长。马云不怕犯错误，更有纠正错误的魄力。

2006年5月，淘宝网推出了名为“招财进宝”的新型收费增值服务。这与淘宝高调宣布的免费策略是相违背的，这项有偿增值服务被众多网民认为是“变相收费”。虽然马云这一创新的初衷是好的，商家可以花钱，让自己的商品排在前面。如果不收费的话，商家就会为了争夺第一排位疯狂做假货交易，这样搜索就会乱套。但是，从最终的效果看，这是一次错误的决策。淘宝面临着卖家“罢市”的危机，为了解决这一危机，马云专门发帖进行了解释，虽然赢得了很多会员的理解和支持，但是未能从根本上解决问题，最终，淘宝网决定取消“招财进宝”，并将其间收取的费用全部退还。

这次事件表明，马云在创新经营的过程中不怕犯错，并且勇于纠正错误。所以，对于企业经营者来说，要创新就不要怕犯错误，因为成长是在犯错与纠错的不断循环中完成的。如果怕犯错误，就不可能赢得发展，企业也很难有辉煌的明天。

创新可以为企业带来发展，可以为企业带来活力，同时也会为企业带来一定程度上的危险，危险来源于错误的做法，但是企业管理者不能因此而放弃创新。这就需要企业经营者有不怕犯错误的勇气，并在错误中不断成长。

创新启示

对于企业经营者来说，所有新的方法和新的模式有成功的可能，也有失败的风险。因为成功的做法大多已经被做过，新的尝试在很大程度上会面临着失败。所以，企业管理者要有容错的心态。

第三章 企业的成功在于团队的成功

成功是整个团队带来的

阿里巴巴是一个团队，有你很好；没有这个团队，你很不好。

——摘自马云于 2007 年与“五年陈”员工的交流讲话

衡量一家企业是否有竞争力，是否能够永续发展，其决定因素不是其理念有多先进、资金有多雄厚、技术有多过硬，而是企业是否有团队合作精神，尤其是企业的员工是否具有合作意识。马云深知团队对于企业发展的重要作用，在他看来单枪匹马是做不出任何事情的，唯有依靠团队才能成功。这一点在马云谈到阿里巴巴关于“团队合作”时得到了体现。

共享共担，平凡人做非凡事；乐于分享经验和知识，教学相长；以开放的心态听取他人的意见；表达观点时，直言有讳；在工作中，群策群力，拾遗补缺；不是自己分内的工作，也不推诿；决策前充分发表意见，决策后坚决执行；有主人翁意识，积极参与，促进团队建设。

这就是马云的团队文化，马云打造这样的团队文化，基于他对团队作用的正确认识，正如他所说的“我的成功是因为背后有一群很棒的人”，马云用这一句话表述了“成功是团队带来的”这一道理。

马云的团队观念给了现代企业经营者启示，不要依靠个人的力量打造企业，要依靠团队来打天下。

现代企业就好比一条正在参加比赛的龙舟，船上的每个人都是决定比赛胜负的关键力量。大家划船的劲能不能使到一处，能否与企业保持步调一致，将是企业能否稳步快速前进的关键。千舟竞发，只有团队合作最好的，才能赢得竞争的胜利。无论是龙舟比赛，还是企业竞争，任何组织想要取得胜利都离不开团队精神。

没有团队精神的企业是缺乏竞争力的，只有具备“团队精神”的企业，才会形成一种无形的向心力、凝聚力、战斗力和创造力。即便思想理念暂时落后、企业资金暂时紧缺、技术含量暂时过低，但是只要大家心往一处想，劲往一处使，就能克服困难，战无不胜。

创新启示

团队精神决定着一家企业的凝聚力和竞争力。每一个人都要主动加强与同事之间的合作，提高自己的团队合作精神。从老板到员工，各个层级的人应该是团结一致的，只有这样，这家企业的团队精神才最强，才最具核心竞争力。因此，管理者要使每一个人都融入到团队中去，而不是单打独斗。

唐僧团队是天下最好的创业团队

我最喜欢的是西游记团队，唐僧、孙悟空、猪八戒，这些人很容易找。唐僧这样的人，能力没有多少，但目标很明确。

——摘自马云于2006年在北大光华管理学院的演讲

团队对于企业来说是非常重要的，企业能够取得发展完全依赖于出色的团队。在马云看来，最出色的团队就是“唐僧团队”。什么是唐僧团队，马云认为：“做人要像沙和尚，当领导要像唐僧，做事要像孙悟空，生活要像猪八戒。”在马云看来，这样的团队能够各司其职、协同作战，能够给企业带来发展。

对于“唐僧团队”，马云还做出了如下具体的解释。

唐僧团队有十分明确的组织目标——取经。从某种意义上来说，唐僧团队是制度化团队，这个团队不是很完善，存在的问题也极多，但基本能保证实现组织目标。在这个团队中，孙悟空是比较出色的人才，但是容易做出出格的事情，要想让他好好发展，就要对他进行约束；沙僧老实，只需搞好自我管理；猪八戒难成大事，只要让孙悟空领导就行了。这种制度体系虽然严重压制创新意识，但是取经这一特定任务的绝佳选择。

同时，唐僧团队在人才搭配上也是非常合理的，唐僧是领导，虽然没有本事，但是可以把握大局；孙悟空能征善战，这样的人适合冲锋陷阵；猪八戒看起来无能，但却是企业不可缺少的，因为它能讨领导欢心，能调节气氛；沙僧老实可靠，基础工作可以让这类人来完成。

马云认为，在企业中领导者不需要有多强的能力，他只需要学习唐僧，把各种各样的人管好、用好就可以了。企业员工不需要每个人都是精英，关键是员工的优劣恰好相互补充，可以取长补短，那么，这几个人组成的团队将是一个完美的组合。

所以，对于企业管理者来说，最重要的不是让每一个进入公司的人都是精英，关键是让每个人都会做出各自不同的贡献，个体之间的差异不会给管理工作带来威胁。领导者不单单要做到容忍人的个性及建立相互尊重的氛围，更应该把员工的个性看作发明创新及萌发灵感的源泉。只有当多样性成为团队的标志时，团队才会有生生不息的创新能力。只有人人创造贡献，企业组织才能成就大贡献。

一个员工或许不是精英，但是他在团队中的力量可能远远胜于他单打独斗时自己的力量。赋予他这种力量的就是团队所拥有的协作精神。衡量一家企业是否有发展前景，关键在于企业员工是否具有团队意识。优秀的管理者都明白，具有协作意识的员工才能使团队产生“1+1 > 2”的合力。反之，缺乏协作精神的团队，即使每个人都是精英，一切目标都只是空谈而已。

创新启示

企业要善于打造唐僧团队，不需要每个人都是精英。好的团队其实是一群平凡的人做不平凡的事，团队成员的优势要做到相互补充、取长补短，这样就能在成本降低的基础上提高效率。因此，让团队成员成分复杂点，都有一技之长，并且能够协同作战，这样才能真正形成合力，成就大事。

06

第六篇

贝索斯：移动互联网正变革着世界

第一章 用一万年的远见做企业

| 花别人的钱建自己的网 |

我们将更多地为“强化长期市场领导地位”这一目标做持续的长期投资决策，而短期的赢利以及华尔街的反应将不会进入我们的决策视野。

——摘自贝索斯《致股东的一封信》

对于企业发展来说，资金起着非常重要的作用，在资金方面，最明智的做法就是花别人的钱，经营自己的事业。贝索斯就是在花别人的钱，建自己的网。

1994 年，贝索斯准备启动亚马逊公司的时候，甚至没有一份商业计划书。但是他对自己要成立一家什么样的公司，却是胸有成竹。成立公司自然要有启动资金，贝索斯一开始并没有考虑融资，全部的启动资金都来自于他自己的投资。

然而到了 1995 年夏天，贝索斯和家里投入在亚马逊网站上的钱全部花完了。贝索斯虽然已经尽可能地节省费用，但是互联网公司的各项花销还是大得惊人。这时，他想到的办法就是花他人的钱来建自己的网，于是他找到自己的朋友尼克·哈诺尔。哈诺尔是个热心肠的人，他不仅打算自己投资，还给西雅图附近资金雄厚的人打电话，希望他们一起投资。

一个叫埃里克·狄龙的股票经纪人主动给贝索斯打了一个电话，希望能够投资。但是他觉得600万元的估值太高了，他试图把估值降到500万元，并决定投资。贝索斯让狄龙明白投资亚马逊绝对是一个物超所值的项目。

另一个对亚马逊感兴趣的人是汤姆·埃尔伯格，他发现了亚马逊的成长潜力。埃尔伯格仔细研究了亚马逊的所有报表，发现亚马逊一年内进出的书是一个普通书店库存的 20 倍，而大多数实体书店只有 2.7 倍。最终，埃尔伯格也决定投资。

最后还是哈诺尔做出了表率，他第一个投了资，其他人则紧随其后。到年底的时候贝索斯总共从 21 个投资人那里募集了 98.1 万美元。钱虽然不多，但是至少可以维持公司一段时间的发展。贝索斯还邀请哈诺尔、狄龙和埃尔伯格进入董事会，担任亚马逊公司的顾问。

1996 年对互联网行业来说是狂欢的一年。网景公司的成功上市并且募得大量资金，刺激了投资者的神经，也点燃了互联网行业融资的热情。泛大西洋投资集团看重了亚马逊，但是贝索斯更希望找到美国顶级的投资公司来运作这件事情，最终亚马逊选择 KPCB 风险投资公司。

经过谈判，KPCB 风险投资公司同意按 5 000 万美元估值给亚马逊注入资金，但是亚马逊没有同意，而是从 1 亿美元估值降到了 6 000 万 ~ 7 000 万美元。KPCB 提出用 800 万美元收购亚马逊 13% 的股票，这意味着亚马逊的估值达到了 6 000 万美元。最终 KPCB 的投资达成，贝索斯获得了足够的资金支持。

1997 年，亚马逊决定上市向公众募集资金。这次贝索斯没有找摩根斯坦利，也没有通过高盛，而是找了一家并不知名的公司——DMG Technology Group 的投资公司。DMG Technology Group 的首席执行官弗朗克·奎特隆（Frank Quattrone）刚刚从摩根斯坦利跳槽到此，而亚马逊是他争取到的第一笔大生意，所以他对亚马逊提出的各方面要求都十分配合。

奎特隆也通过自己的能力证明了亚马逊聘请他是物超所值。当时其他机构预估的亚马逊首日发行股票的价格为 13 美元，而且有可能破发。但是奎特隆力主亚马逊以 18 美元上市。后来的事实证明，他的判断很准确。1997 年 5 月 14 日，亚马逊正式在纳斯达克上市。首日发行价定的是每股 18 美元，总共募集到 5 400 万美元的资金。这时候亚马逊的估值达到了 4.29 亿美元。

亚马逊每走一步都在践行“花别人的钱建自己的网”的理念，正是在这一理念下，亚马逊最终成为互联网企业巨头。

创新启示

资金短缺不是创业者逃避创业的理由，没有钱的话可以利用他人的钱来经营企业，这种借鸡生蛋的做法能够帮助企业走出困境，同时能够促进企业不断发展壮大。

多元化投资百利而无一弊

这种看法是不对的。如果公司的商业模式有问题的话，那就是过去没有进行多元化投资。选择多元化投资有百利而无一弊。亚马逊会赢利的。

——贝索斯在接受路透社采访时如是说

相比微软、苹果、雅虎、谷歌等高科技企业，亚马逊绝对是互联网行业中的低利润率公司，而且是唯一一个靠低利润率而取得成功的公司。

亚马逊为什么是低利润率模式呢？其实看看亚马逊销售的商品就可以知道。亚马逊更像一家传统的零售企业，采取的是薄利多销的策略。这种策略的成功关键是亚马逊对此进行了多元化投资。

快速扩展第三方商户业务，将有助于提高亚马逊的利润率。麦格理证券分析师本·沙赫特（Ben Schachter）表示，“从长期来看，此项业务确实有助于提升亚马逊的利润率。亚马逊不需要再把货物放在卡车上，然后发送货物。”

2013 年第一季度，亚马逊净货运费所占销售额的比例为 4.7%，低于上年同期的 5.1%。亚马逊不断扩展零售业务，也导致了公司利润率出现下滑，如让配送中心离消费者更近，向合作伙伴支付更多的资金来为其发送货物。不过与此同时，亚马逊也在进行多元化扩张，增加数字内容、广告和 AWS 云计算服务营收。

值得注意的是，亚马逊首席财务官汤姆·斯库塔克（Tom Szkutak）在电话会议中表示，该公司第一季度最畅销的十款产品全部为数字产品或 Kindle 设备。斯库塔克说，“这是我们第一次看到这种情况”。

从短期来看，亚马逊面临着数个挑战。在中国市场，来自阿里巴巴等竞争对手的压力不断增大。

不过市场分析师认为，从长期来看，亚马逊向数字内容扩张——如以近乎成本价销售 Kindle，免除多半的竞争——将成为制胜的战略。亚马逊当前主要通过使用价格策略，让自己的产品被更多的消费者所接受。

无论是廉价销售 Kindle 电子书阅读器还是 Kindle Fire 平板电脑，或是把订阅用户和点播视频捆绑在一起，亚马逊认为通过上述做法能够再次引起用户的注意。随后，亚马逊扩展进入原创视频内容制作市场。亚马逊还发布了 14 部原创电视剧的试映集，允许美国和英国用户免费观看。

亚马逊同时蚕食了苹果的数字音乐业务。在过去的 5 年当中，亚马逊在数字音乐市场的份额增长了 2 倍，规模已经等同于苹果的 1/3。此外，亚马逊的云计算部门 AWS 还向更多的企业提供了数字服务。AWS 的营收达到 18 亿美元，预计仍将保持快速增长。

2013 年的第一季度，亚马逊 AWS 北美业务及广告服务的其他业务净营收增幅达到 59%。投资公司 Topeka Capital 分析师维克多·安东尼（Victor Anthony）就此表示，“亚马逊确实在调节其货运成本。AWS 是这一努力的重要组成部分，广告营收也让亚马逊从中受益。我们认为这种情况仍将得到改进”。

从单纯地在互联网上销售图书，到现在将触角伸向多个领域——物流、影视、广告等，亚马逊的业务进化是惊人的，值得更多企业警觉和借鉴。像亚马逊一样被时代的洪流推着进化的企业并不少见，但是如何审时度势，自我进化，自我完善，做一位好“舵手”，使企业不在洪流中翻船，是每一位企业家需要深入思考的问题。

创新启示

多元化对企业发展有很大的推动作用，它可以分散风险，可以使企业及时转向，取得一定程度的风险互补。多元化还可迅速扩大企业规模，使企业在某一行业发展的初期，就占得先机，获得超额利润。

度过寒冬要“抱团取暖”

危机降临的时候，携手度过寒冬。

——贝索斯经典语录

早在1999年底，分析家预测亚马逊的净亏损会高达3.5亿美元。根据2000年4月亚马逊发布的1999财年第四季度财报显示：1999年亚马逊收入增加了两倍，达到了16亿美元，不过亏损显然比预测的严重得多，达到了7.2亿美元。一时之间，亚马逊面临崩盘的危险。

2000年是亚马逊历史上情况最糟糕的一年。1月的时候，首席财务官基里·布兰农离职。7月的时候，首席执行官约瑟夫·加利离职。亚马逊第二季度的财报显示的营业收入比华尔街的预计少了2 200万美元，6个分析师给亚马逊的股票降级。结果当天股价下跌了13%。到了2000年底的时候，亚马逊的股票用比当初升值快得多的速度贬值了90%的市值，最低的时候一度跌到每股15美元，比原来上市时的发行价还低。

华尔街的分析师们终于开始放弃亚马逊这样的不赢利的公司了，经过测算之后他们发现亚马逊是互联网历史上赔钱最严重的一家公司。在过去5年中，贝索斯一共从股市获得20亿美元；同样在过去5年中，贝索斯领导的亚马逊一共亏损了17.4亿美元，从来没有盈利。

面对突如其来的危机，贝索斯开始学习如何降低成本、增加利润。

这其中就包括裁员和减少支出。裁员方面，主要裁掉的是那些“不能带来任何利润的人”；而在支出减少方面，贝索斯聘用了懂得如何更有效经营公司的新经理人，采取财政紧缩政策，要求所有的重大采购都要经最高管理层批准。他还关闭了无法带来利润的业务，取消回报差的投资，加速成本削减，开始要求更加现实的财务预算。

贝索斯试图使华尔街相信，他把降低成本的鞭子挥向了那些亚马逊的中层经理们。他一直在向他们要求增加收入，以打消投资人的疑虑。尽管贝索斯对每一个中层经理耳提面命，但是效果却少得可怜。虽然贝索斯领导的团队竭尽全力去改变这一切，但是还是没有阻止亚马逊股票的下跌。到了第三季度结束的时候，亚马逊的股价再次下跌了17%。

在投资人看来，这个时候除了上帝之外没有人能够挽救亚马逊。

然而，这并没有难倒贝索斯。2000年8月，亚马逊开始了一个巨大的战略转移——开始帮助其他公司重建并且运营网站。亚马逊合作的第一个客户是玩具反斗城。玩具反斗城是全世界最大的玩具和婴儿用品零售商，在美国有800多家分店，此外，在全世界35个国家拥有600多家店铺和140多家特许加盟店。

贝索斯向玩具反斗城提出了合作的建议：帮助玩具反斗城重建网站，然后把网站放在亚马逊商场里面运营，亚马逊负责采购、运输和客服，玩具反斗城则承担库存的风险——包括购买亚马逊库存的玩具。

这个合作在当时是双赢的最佳选择。事实证明，此番合作的效果十分明显，当年第四季度，亚马逊帮助玩具反斗城的网站Toysrus.com卖出1.25亿美元的玩具和游戏卡带。

贝索斯的这一策略，不但让亚马逊减少了库存数量，并且新增了赢利点，为2001年第四季度亚马逊扭亏为盈奠定了基础。减去所有成本，2001年第四季度，亚马逊赢利500万美元，合每股1美分。当然没有哪个股东会觉得这1美分少，至少比去年第四季度净亏损5.45亿美元听起来要让人舒服多了。

在接下来的4天里，亚马逊的股价大涨了42%，虽然只是涨到每股14.44美元，仍然低于当初的发行价，但是亚马逊至少让资本市场重拾了信心。

创新启示

企业在发展的时候，时时刻刻都在面临着致命危机的侵袭，要想应对这种危机，很多时候单靠个人的努力是很难实现的，寻求合作，抱团取暖，将是非常有成效的应对危机的方式。

第二章
创新让企业焕发新的生机

| 创新需要进行破坏性创造 |

我们喜欢做先驱，喜欢探索，喜欢走进漆黑的小巷，看看路的尽头有些什么。

——摘自贝索斯CBS News专访问答

创新需要进行破坏性创造，需要不断探索，做先驱。贝索斯在这方面一直做得都非常出色。不论是一键下单，还是发明电子书阅读设备Kindle，都体现了贝索斯的这一创新理念。

在亚马逊所有基于顾客体验而产生的发明之中，一键下单无疑是最伟大的发明之一。如果没有“一键下单”，顾客购买需要通过点击产品、确认、填写送货信息、填写信用卡信息、再确认，至少五步才能完成。但是“一键下单”把这个步骤减少到只需要一步，如果顾客以前曾经输入过自己的信息，那么下一次在亚马逊购买任何商品时只要点击“一键下单”的按钮就可以了。这看似仅仅省了几次点击，却让顾客的购买行为变得十分方便。

亚马逊还为“一键下单”申请了专利，虽然很多人反对这种“过程专利”，但是亚马逊的申请却获得了通过。之后亚马逊对试图侵犯该专利权的巴诺公司提起了诉讼，最终亚马逊获得了胜利；而另一方面苹果却向亚马逊支付了专利费用，在 iTunes 商店中大方地使用这项专利技术。

后来，在“一键下单”的基础上，亚马逊的技术团队甚至开发出通过动作识别输入的“点头下单”系统，虽然看似在关注顾客体验方面走向了极端，但是在贝索斯看来这确实是真正地为顾客服务，因为总有人愿意选择这样更简单的功能。

亚马逊的创新因子似乎是它骨子里与生俱来的，当然这也和它的 CEO 贝索斯喜欢发明创造有莫大的关系。

亚马逊真正具有革命意义的创举，是发明了电子书阅读设备 Kindle，就像乔布斯当年发明的 iPod 和 iPhone 一样。有人质疑亚马逊，认为相比于 iPhone 等完全创新的产品，Kindle 只能算是二手创新的产物。因为无论是设备的设计理念，还是核心的电子墨水技术都早已被发明出来了。对于这一点贝索斯并不回避，但是他认为 Kindle 是亚马逊生产出的一个集历史上所有最先进的电子书技术于一身的最好且最稳定的电子书阅读设备。

kindle 彻底改变了人们消费和阅读书籍的方式。Kindle 一上市，亚马逊就提供了 9 万本电子书供 kindle 付费下载。后来这个数字不断扩大，达到 27.5 万本。除了亚马逊以外，没有任何一家公司可以为一款电子书阅读设备提供这么多的下载资源。

Kindle一上市就获得了消费者的认可，2008年Kindle的销量为50万台，到了2011年，Kindle的年销量达到了2 300万台。Kindle在整个电子书阅读设备的市场占有47%以上的份额。这样的成绩贝索斯应该十分满意了吧？事实并非如此，相对于Kindle的销量，贝索斯更加关心的是电子书的销售情况。

因为亚马逊的Kindle一直在以成本价，甚至低于成本价的价格销售，为的就是能抢占先机，占领更大的市场份额。但是赔钱的买卖是没有人做的，贝索斯之所以肯赔钱销售Kindle就是因为电子书销售掌握在自己手里。到了2012年初的时候，亚马逊每售出100本书就能卖出105本Kindle电子书。

电子书的销量终于超过了实体书，而且从那时开始，这一情况将一直延续下去。传统的出版社们终于意识到，他们必须改变原有的生产方式，加大电子书的出版量。Kindle扇动了蝴蝶的翅膀，带来了出版行业的革命性变化。

这就是贝索斯，他从来不会墨守成规，他做出的每一个改变都是对原有秩序的彻底破坏，但也是对全新规则的建立。我们必须承认，因为亚马逊的“一键下单”“Kindle电子阅读”，我们的生活变得更加快捷、更加方便。

创新启示

创新不是简单的修修补补，而是具有破坏性的创造，唯有破坏性的创造才能打造引领市场潮流的产品，才能让企业焕发新的生机，让企业在竞争中取胜。

创新要有前瞻眼光和开放精神

我认为只有眼光长远，才能解决那些看似不可能的难题。

——摘自贝索斯致股东的信

对于企业经营者，特别是互联网企业经营者来说，前瞻眼光和开放精神是创新必须具备的品质，贝索斯就是这样一位企业领导者，他总是能从别人看来显而易见的事情中看出新的机会，而且从来不会因为担心风险或者其他原因而不尝试新的想法。

1996年7月，亚马逊收到一个请求，有人创办了一个推荐图书的网站，她想获得亚马逊的许可，在她的网站上链接亚马逊网站上的评论和相关书籍，以方便人们购买图书。

贝索斯亲自回复了那位女士，夸赞她的想法很好，并说亚马逊非常欢迎她在自己的网站上链接亚马逊的内容。为了感谢她对亚马逊网站的支持和信任，只要顾客来自她的网站并且购买了亚马逊的图书，亚马逊会从每一笔销售收入中拿出5%的中介费作为奖励。

在回复那位女士之后，贝索斯觉得这不应该是一个个例，而是一个很好的商机。如果邀请商业机构和其他组织链接亚马逊数据库里的书目，那么亚马逊的流量会获得很大的提升，相应的成交量也会提升。为了鼓励第三方机构将亚马逊链接到他们的网站上，亚马逊将从关联网站带来的每一笔销售中拿出销售额的5%~15%给关联网站作为奖励。亚马逊把这个链接的功能起名为“联合项目”。

事实证明贝索斯的判断非常正确，这个项目除了带来收入之外，还大大提升了亚马逊的名声——不管哪个领域的爱好者，都能在亚马逊网站找到想要的书。举例来说，一个经典的“福特野马车迷”的网站可以链接该领域的相关书目。军事爱好者也可以在相关论坛上通过链接看到亚马逊所有相关的图书。

1998年，贝索斯把这个项目形容为“我们做过的最有创意的事情之一”。亚马逊还为“联合项目”申请了专利。

亚马逊在申请专利方面，总是出奇的幸运。虽然“联合项目”专利备受争议，但是美国专利局还是通过了亚马逊的申请。这次亚马逊显然比较大度，对于任何创办了类似的附属项目的网站，亚马逊都没有起诉。所以久而久之，争议也就不了了之了。

然而，一些老牌的企业和大牌的网站，总觉得自己是最好的，别人将网站链接到他们的网络之上，他们就会觉得自己受到了侵犯，被别人占了便宜，利益受损了。他们没有体会到互联网真正的精神在于开放。没有人可以在互联网时代固守门户，独善其身。

贝索斯不仅接受别人链接自己的网站，而且鼓励这种行为，并付费给其他网站。正是贝索斯的前瞻性眼光和开放精神，使亚马逊在一开始就有别于那些老牌的保守的网站，也使亚马逊获得了飞速的发展。

创新启示

创新需要有前瞻眼光和开放精神，出色的产品都是发散思维和大胆创新的产物。企业在进行创新的时候，不但要关注技术创新，也要重视经营理念和经营方式上的创新。

云服务是亚马逊的一粒种子

云计算服务像是一粒种子，我们都知道它将来会成为大树，会对公司营收有非常大的影响。

——摘自贝索斯内部讲话

贝索斯在利用新机会创造新利润方面，是大无畏的。没有什么陈规可以阻拦他在服务创新上的脚步。推出云计算服务就是一个典型案例，对于云计算服务，贝索斯十分看好，正如他所说："云计算服务像是一粒种子，将来会成长为大树。"

2010 年，贝索斯在亚马逊股东大会上大谈特谈云计算，他认为"云计算有潜力发展到和我们的零售业务一样大。亚马逊已经比行业里大部分竞争对手都做得更好了。云计算是一个很大的领域，从我们的观点看，它的效率是非常低的。任何时候，一些大的事情效率低下时都会创造出机会。”

就在股东大会之后，贝索斯引进了“现货业务”，将闲置的计算机能力以低于正常零售价的价格向其他公司拍卖。为了增加“云服务”的销售额，贝索斯还决定将计算能力租给个人，尽管目前个人有这方面需求的只是少数。这是亚马逊打造的一个完整的云服务平台，他被命名为 AWS（Amazon Web Services）。

亚马逊多年来一直在构建和调整这一平台，现在任何能够访问互联网的人都可以使用它。通过在亚马逊提供的可靠且经济的服务，可以实现复杂的企业应用程序。这些网络服务本身存储在用户的环境之外的云中，具备极高的可用性。用户只需根据使用的资源付费，不需要提前付费。并且，因为硬件由亚马逊维护和服务，所以用户也不需要承担维护费用。

亚马逊推出 AWS 已经多年，该服务可以为用户提供远程计算能力和存储空间，亚马逊也因此成为云计算领域的先驱。尽管该服务在亚马逊总收入中的占比仅为 2%，但增速却非常迅猛。2010 年 AWS 收入 5 亿美元，2011 年增长 50% 达到 7.5 亿美元，2012 年约 11 亿美元，2013 年这项收入达到了 16.5 亿美元。

云计算服务给亚马逊带来了巨大利益，贝索斯也从来没有停止在云计算服务上的创新脚步。2011 年 3 月，亚马逊宣布了“云动力”计划。允许人们通过互联网在亚马逊的计算机上存储数字文件。服务一经推出，大量客户在亚马逊的云平台上存储了数量很多的音乐和影视作品。这下立马对苹果 iTunes 形成了挑战。事实上，当时苹果和谷歌在等着唱片公司决定是否给他们网上分流音乐的许可证，贝索斯却抓住了这个机会，先推出服务，再向唱片公司取得许可证。亚马逊将音乐存储在网上，人们可以通过任何设备来获取。亚马逊每年对 20G 内存的存储空间收取 20 美元的费用。为了使服务尽快得到推广，亚马逊提供了免费的 5G 内存，或者从亚马逊网站 MP3 商店买了一张音乐专辑的话，就免费使用一年 20G 的内存。

“云动力”计划第一次把亚马逊“云服务”的对象从企业变成了个人消费者，这更像是一个新的零售模式，而且它没有销售淡季和旺季之分，一旦使用者达到一定的基数，就会带来稳定的收入。赢利也证明了贝索斯这一创新带来的价值。

亚马逊开创的领域，在短短几年时间内成为了一个巨大产业，所有的企业都希望在云计算和云服务上分一杯羹。亚马逊因为最早推出 AWS 服务，所以占据了先机和足够的优势。云服务从开始发展到现在已经过了八年时间，但对于大部分企业来说，他们都仅仅开发和使用了“云”的一小部分功能。未来“云服务”究竟会向什么方向发展，不管是亚马逊还是谷歌微软都不一定找到了最正确的方向，但是有一点毋庸置疑，就是“云服务”依然需要无限的创新。

创新启示

创新是需要大胆的，也是需要抢占先机的。对于互联网企业来说，同样需要如此，云服务对互联网企业的发展具有很大的推动作用，所以，企业要在无限创新的基础上推进云服务的完善。

第三章
管理要从长远角度出发

让团队成员成为企业主人

我们很清楚，亚马逊能否成功很大程度上取决于我们能否吸引和留住员工，每一名员工都希望成为企业的主人，因此就应该让他们成为主人。

——摘自贝索斯致股东的信

一家企业能够留住员工，除了高薪酬、高福利这样的激励手段之外，能否让员工体现自己的价值，能否让员工感受到关怀也是十分重要的。在这一点上，贝索斯可以说是深谙其道。

亚马逊不像硅谷的公司那么大手大脚，向员工提供免费的食物、高昂的福利；相反，它从不向员工提供免费的午餐，而且将薪水压得很低，甚至一开始创业的时候亚马逊曾将门板当作办公桌使用。但这并不意味着亚马逊员工的报酬不丰厚。

贝索斯更喜欢用期权而非现金激励员工，他在 1997 年致股东的信中说，亚马逊是否能够成功很大程度上取决于能否吸引和留住员工，每一名员工都想做企业的主人，因此就应该让他们成为主人。

谢尔·卡凡是亚马逊的第一个员工，一开始他放弃一切跟随贝索斯从圣克鲁兹到西雅图创业，并不是因为高薪，或者那些看不见的股权。他只是觉得贝索斯是一个有企业经营头脑的人，而且贝索斯提出的在线书店的想法有一天一定能获得成功。

到了西雅图之后，虽然办公室就在贝索斯和麦肯齐租的三居室公寓里面，但是卡凡却无怨无悔，一直坚持，因为他把自己当成了团队的主人，把亚马逊当成了自己的事业，而不仅仅是一份工作那么简单。

一开始的时候卡凡负责亚马逊的网站界面和用户交互部分的设计。后来成为了亚马逊的首席技术官，带领团队解决亚马逊的所有技术问题。

1997 年 5 月 15 日，亚马逊上市，卡凡的辛苦工作也获得了回报，当时卡凡有 100 万股亚马逊的股票，根据当时 18 美元的发行价格，他的身价已经达到 1 800 万美元。更让人激动的是这只股票一直在涨。首次公开募股一年之后，它的股价达到了 105 美元。如果卡凡没有出售手中的股票的话，4 年后，他的身价就达到了 1 亿美元，相对于卡凡的付出这份回报绝对是物超所值的。

当然卡凡获得的不仅是经济的回报，贝索斯知道用什么办法表达对卡凡的感激更加有用。就在卡凡加入亚马逊工作四周年的时候，贝索斯组织了一次“庆典”，他包了一架直升机把卡凡和他的助手，还有他们的配偶送到了茂伊岛享受为期四天的假期，对他们来说那简直是一个大的惊喜。更让卡凡激动的是，飞机到了茂伊岛之后，在机场迎接卡凡的是他曾经在湾区工作时的老朋友。

当然，这并非花钱那么简单，而是贝索斯用心关心他的员工。卡凡深深感受到了这一点，感受到了亚马逊大家庭的温暖，感受到了自己被当成了企业的主人。

当然亚马逊的员工之所以能有企业主人的感觉，除了他们都有企业的股票期权之外，还因为亚马逊的开放文化，在亚马逊，他们可以自由表达自己的观点。

创新启示

工资、福利、培训等可以增强员工工作的积极性。但是，这些手段只治标不治本，最重要的是要让员工有归属感，要让员工成为企业的主人。要做到这一点，企业管理者就要视员工如家人，与员工同喜同悲，和员工共同打拼、共同成长。

逆向工作法：探索新技能并加以磨练

从顾客需求出发的“逆向工作法”，往往要求我们必须探索新技能并加以磨练，而不在乎迈出第一步时的那种不适与尴尬。

——摘自贝索斯《电商圣经——贝索斯股东信》

什么是“逆向工作法”呢？

贝索斯在选择创业的时候，老板多方挽留。他也不确定自己创业能否成功，在他做出决定之前，他做了一个最小化后悔表，“假设自己 80 岁高龄时，对二十岁时没有创业会不会后悔？”答案是显而易见的，他不会因为自己没有成为更高阶的职业经理人而后悔，但是如果没有创业他一定会后悔。贝索斯后来还将这种逻辑应用到他的个人生活中，每当他不得不做出重大决策时，他常常会以这种方式来思考问题。

这就是“逆向工作法”，“逆向工作法”最关键的就是找到你一开始做这件事情的最初目的，然后根据这个目的去工作。它不同于“技能导向法”(Skills-forward)，在后一种做法中，个人或企业往往会根据现有的技术和能力来决定下一步动作。乔布斯领导的苹果公司采取的常常是“技能导向法”，苹果公司的创新往往是技术的变革以及乔布斯天马行空的想象力结合的产物。在“技能导向法”下，企业更加倾向于领导客户，改变消费观念，让顾客接受它的产品和理念。

亚马逊却在贝索斯“逆向工作法”经营理念的指导下，不断进行技能探索，打造出一款款优秀的产品。

贝索斯认为，亚马逊网站设计的总体哲学是对客户友好，应该将注意力放在顾客身上，而不是网站上。他的目标不仅是让浏览书籍变得更容易，而且要让这成为一种愉快的体验。“要知道人们不仅仅是因为需要才买书的。没有人会喜欢浏览药品的柜台，但是人们会高兴地在书店里待上几个小时，所以你必须让他们体验到购物的乐趣，并乐于参与。”

正是在这种哲学之下，亚马逊发明了“一键下单”功能以方便顾客购买，并且允许顾客亚马逊的网站上写书评。正是这种为顾客着想的态度赢得了顾客的好感，亚马逊的书评区更像一个社交平台，人们在这里畅所欲言，也正因为这样，亚马逊图书的销量获得了大幅的提升。

后来，亚马逊开发了“书内阅读”的功能。就是把书中的一部分内容通过电子文档的形式上传，顾客在购买图书之前可以先睹为快，满意了才去购买。一般的商家绝对不会想出这样自找苦吃的想法，就是出版社和作者也不喜欢这样的做法。但是贝索斯认为这对顾客有用，就坚持做了下去。两年后，亚马逊团队在“书内阅读”的基础上开发了“书内搜索”的功能。大学生们尤其喜欢这个主意，因为他们可以不花一分钱读到他们想要找的内容。虽然“书内阅读”和“书内搜索”不会给亚马逊带来一分钱的收入，但是它使人们认识到了亚马逊的好意，并且给亚马逊带来了良好的口碑。至于销售量，贝索斯知道他们总有一天会达成。

贝索斯在打造产品的过程中，始终坚持以用户体验为基础不断完善新技能。从“一键下单”到“书内阅读”，再到“书内搜索”都是在践行“逆向工作法”，因为这都是亚马逊在没有掌握技能的情况下，在充分考虑用户体验的基础上打造出来的。同时，在打造产品的过程中，不断探索新技能，并加以磨练。亚马逊创立近二十年，从线上销售图书起家，到进军音乐、云存储、内容制作等新领域，无一不渗透着贝索斯的这一产品打造模式。

创新启示

不要等到技术成熟了再去打造产品，而是要从顾客的需求出发，适时推出新产品，并在推行产品的过程中不断探索新技术，如此才能让产品得到用户的喜欢，也使企业在竞争中先人一步。

第四章 公司崛起于优秀的企业文化

企业要找有特点的人才

我们每雇用一个人，他都要为下一次招聘提高门槛。

——贝索斯座右铭

亚马逊成立之初，只有三名员工，除了卡凡、戴维斯之外，还有一个就是贝索斯的太太麦肯齐。亚马逊网站正式上线之后，缺人成为了常态，贝索斯要雇用大量新员工，包括软件工程师、客服代表，甚至给图书打包装的人。到1996年底，公司的员工达到了110名。

贝索斯总是想招到最优秀的人才，所以应聘者都觉得亚马逊的面试很难。

贝索斯在面试应聘者时喜欢问他们一些奇怪的题目。如“如何为聋子设计一辆车？”（答案是塞上耳塞去开车，看看作为一个聋子的感受如何。）还有一些脑筋急转弯的题目，如“旧金山有多少扇窗？”或者“纽约中央公园有多少棵树？”

贝索斯十分看重推荐者的意见，相比其他公司只把推荐人的意见作为参考，贝索斯则把推荐人的评价看成是重要的指标，因为他认为推荐人显然比自己更了解应聘者。

贝索斯为推荐人设计了23道问题，根据这些问题将更好地判断应聘者的各项能力。比如：“你最欣赏这个应聘者的哪一点？”“他最差劲的地方是什么？”“在什么样的情况下你会雇用他？”等等。

贝索斯的座右铭是，“我们每雇用一个人，他都要为下一次招聘提高门槛”，所以亚马逊的人才库整体上是一直在提高的。贝索斯这样形容他招聘员工的哲学：“在一个员工被雇用五年以后，这个员工应该这么想：幸亏他们五年前雇用了我，现在他们肯定不雇我了。”在贝索斯看来，不断提高招聘的要求是亚马逊能够维持长久、健康发展的关键。

当然，贝索斯并不总是古板的，除了优秀的人才之外，贝索斯也喜欢招一些不符合一般公司招聘模式的怪人。贝索斯认为亚马逊招聘来的新员工中，只有少数几个人曾经有图书销售的经验。既然如此，为什么不招聘一些在不同的领域各有特点的人呢？这样一方面可以拓宽视野，另一方面可以使公司的日常工作氛围变得轻松有趣。所以从那之后，亚马逊招聘了大学时是拼写冠军的人、巴洛克音乐发烧友、出色的运动员、登山爱好者等。

虽然看起来有些不着边际，其实贝索斯绝对不是无的放矢，你只要看看亚马逊的网站上究竟有多少类型的图书在售，又有多少书需要不断更新书评，就知道贝索斯的用意了。亚马逊在这个阶段需要一些专业的爱好者或者发烧友来让他们更加了解图书，从而拉近与读者之间的距离。

当然亚马逊员工对于招聘怪人的理解就更加简单而直接了，“当你工作非常辛苦却还要工作很长时间的时候，你会希望身边的同事是些比较有趣的人，这样你就不会觉得工作是一件痛苦的事情了。”

创新启示

人才对于企业的发展具有非常重要的作用，而企业招什么样的人表现出的是企业的文化。企业要招人就要招有特点的人，甚至可以是怪人，有特点的人能够促使企业形成有特点的企业文化。

没有用的地方一分钱也不能浪费

决不把顾客交给亚马逊的一分钱浪费在没有用的地方。

——摘自贝索斯在《名利场》采访问答

贝索斯和亚马逊一向以节俭著称。贝索斯在接受采访时经常提起创业之初用门板做成的桌子。虽然现在这样的桌子早已经不再被使用了，但是贝索斯以为这是亚马逊精神的一个代表，那就是“决不把顾客交给亚马逊的一分钱浪费在没有用的地方。”

贝索斯创业之初启动资金只有一万美元，办公室就是他和麦肯齐在西雅图郊区租住的房子。那个房子是一套三居室，租金890美元，贝索斯拿出其中一间来办公。房子有一个车库，不过不是独立的，而且没有取暖设备，所以贝索斯只能把车库改成了休闲娱乐室。即使这样，贝索斯还是可以向别人宣布亚马逊是一家从车库起家的公司。

这个一穷二白的在车库办公的公司，除了一张用门板做成的桌子之外，仅有一个从网上买来的路由器和一台电脑。贝索斯买了一本《如何成为计算机咨询师》的书，报名上了一堂如何建立一家书店的课程之后，就准备开张了。

后来，贝索斯在西雅图的一个工业社区设了一个店铺。这个新的办公地点，二层有1 100平方英尺（约102平方米）的办公区，地下有400平方英尺（约37平方米）的仓库。但办公桌还是用廉价的门板做成的。办公室的一间屋子堆满了纸箱，仓库里到处是书架，书架上是刚刚从经销商那里收到、又要马上快递给客户的书。一开始的时候，员工们不得不跪在地上给书打包，有时贝索斯也会亲自加入这项工作，当他跪着包了好几个小时之后对身旁的一个员工说，应该弄一些护膝来。那个员工看着贝索斯就像看着金星人一样，他提了一个显而易见的建议，“买些桌子来。”贝索斯恍然大悟，而且认为这是他一生中听到的最有才华的想法。

1997年，因为员工增加，贝索斯不得不把亚马逊搬到了一个更大的办公场所，但是原先那些用门板做成的桌子依然在使用之中。这次搬家增加了很多的办公家具，但是大部分都是贝索斯让人从旧货市场中买来的。

其实不单单是在公司的办公投入方面充分体现了贝索斯的节俭精神，他的个人生活也是如此。公司上市之后，贝索斯的个人资产达到了五亿美元，他还是住在西雅图的一个小公寓里，开着一辆普通的汽车上班。

贝索斯虽然在硬件方面十分节省，但是对于重要的软件，他却是毫不犹豫选择最好的，他认为这样可以节省开发的时间，而且可以避免更换系统软件和数据库的风险。

贝索斯很在乎节俭的名声，以至于后来节俭成了亚马逊企业文化的一部分。每次杂志采访贝索斯都会谈到他们曾经用门板做成的桌子。那些桌子后来甚至还被《名利场》拍了照。实际上这些桌子代表了亚马逊服务于顾客而不是服务于员工的公司智慧。

创新启示

一家企业如果能够用更低的成本生产出同样质量的产品，那么它就可以通过更灵活的定价方法去占领市场，从而获取利润。随后，他可以作为价格的领导者，保持这种销售业绩。降低成本的方式就是节约，节约要从各个环节入手，在没有用的地方做到一分钱都不浪费。

主人翁精神做事，核心价值观做人

我们依据主人翁精神做事，基于核心价值观做人。

——贝索斯论亚马逊核心价值观

如果说亚马逊在创业初期的企业文化只是在摸索之中，可以有很多点和很多故事来形容，却找不到高度概括的办法。那么在公司成熟之后，亚马逊的价值观就变得更加直观了。亚马逊的企业价值观是“依据主人翁精神做事，基于核心价值观做人。”这里面重点强调了两点，第一，每一个人都是亚马逊的主人，都应以主人翁的精神做好自己的工作；第二，亚马逊的员工不仅要做事，还要成为一个符合亚马逊核心价值观的人。

首先，贝索斯强调企业员工要有主人翁意识。

贝索斯一直在向员工输入这样一个理念：亚马逊是每一个员工的亚马逊，并且在实际行动中体现了出来。

亚马逊每年都会有一天是带孩子上班日。那个时候，办公室里、楼道里、草坪上到处都是孩子。为此贝索斯还让人把原来给员工们休息时打电子游戏的大屋子腾出来，让这些孩子们在里面尽情地玩耍。贝索斯自己有三个儿子，还有一个收养的女儿，这些孩子最小的两岁，最大的七岁。带孩子上班日那天，他也会把自己的孩子带到公司来。但是这些小家伙们可不会因为自己的爸爸是CEO就循规蹈矩，他们一样调皮捣蛋。不过正是因为这些孩子的到来，让亚马逊充满了家的感觉。

对大部分亚马逊员工来说，这里就是他们的一个家。虽然工作繁忙，薪酬在行业之中也不是最高的，但是他们每一个人都有公司的股份，这也是未来的保障。他们把亚马逊当成一个大家庭，一个可以实现理想又能感受到温暖的地方。

贝索斯这样做，就是为了培养员工的主人翁意识。很多公司都希望员工能具有主人翁意识，能把公司的事情当成自己的事情，全身心地付出。但是他们在对员工提出要求的时候，却忽略了企业的责任。贝索斯认为，除了给员工的薪酬福利之外，还应该给员工股权作为长期的奖励，通过股权使他们感受到公司是自己的，他们有发言权也有让公司更好发展的责任。除了这些物质的激励之外，给予员工充分的尊重，给予他们自由发表意见的机会，对员工的创新方案积极响应，并及时采用。这些都能够让员工更加具有主人翁意识，更加认为企业发展与他们息息相关。

其次，基于核心价值观做人也是贝索斯一直强调的。

“以客户为中心：客户第一，工作第二。”这是贝索斯一直强调的原则。亚马逊在设计网站的时候，对顾客可能的购买行为做了推敲。所有的设计不是考虑亚马逊怎么方便，而是考虑顾客能否接受，顾客使用起来是否方便。如付款设计，客户一开始只需要告知信用卡的后几位，只有在付款的时候，才需要告知全部账号，同时亚马逊保证做好客户信息的保密工作。再如，亚马逊专门雇了大量的人手给顾客回复邮件，这样固然增加成本，但是能够让每一位顾客的问题得到解答。

“行动：我们生活在一个对革新无法预知、有着不可超越的机遇的时代——它提供给我们的每分钟都弥足珍贵。”亚马逊是高效率的公司，而重视行动是贝索斯一直不变的观点。有新来的员工因为回复邮件慢了被贝索斯批评。贝索斯让所有人在周末的时候搞了一个“看谁回邮件最多”的比赛。结果之前所有没有处理完的信都在那时候被清理了。

这就是贝索斯强调的“依据主人翁精神做事，基于核心价值观做人”的企业经营理念，在这一理念下，亚马逊最终成长为互联网巨头。

创新启示

企业经营者要努力培养员工的主人翁意识，这样员工在工作的时候才能自动自发，提高工作效率；同时，要为企业树立正确的核心价值观，用核心价值观来约束员工，这样企业才能在正确的轨道上越走越远。

07

第七篇

陈年：互联网企业

不需要条条框框

第一章 VANCL 就是要胡做

| 不要为模式而模式 |

为模式而模式，这是一个大忌！

——陈年总结 PPG 衰落时如是说

“我们每天都在挑战自己的极限。”在凡客诚品公司 CEO 陈年的这一理念下，凡客的产品不再仅仅局限于男士衬衫、Polo 衫，女装、童装、鞋类、饰品方面也得到了迅速发展。虽然 Vancl 得到了飞速发展，已经形成一家极具竞争力的服装品牌，但是凡客的成长过程并不是一帆风顺的，最典型的就是凡客陷入了为模式而模式的误区。

2007 年，国内衬衫市场上竞争异常激烈，陈年却没有因为激烈的竞争而失去冷静，他对国内衬衫的竞争观察了很久，还不动声色地与当时互联网上的男装品牌 PPG 公司高管进行了多次交流，甚至还拿到了 PPG 公司广告投放媒体名单和最畅销的产品系列清单。之后，陈年对 PPG 公司进行了深入的研究，经过研究，陈年发现，与传统的商业模式相比，PPG 一无厂房，二无设备，三无门店，公司只设有市场部、设计部、呼叫中心和仓库。让 PPG 迅速崛起的原因是它运用轻资产的商业模式，专注于销售、产品品质监控和品牌建设，甩掉了庞大的制造业务。

陈年对这种商业模式表现出了浓厚的兴趣，并且决定用这种模式来运作自己的凡客。企业要想生存就要有利润，为了得知这样做利润如何，陈年与雷军拿着一件价格昂贵的衬衫去服装厂打听，最终的毛利率让两人欣喜若狂，两人当下决定拿出

400 万元去定做衬衫。

虽然陈年对互联网有相当透彻的理解，但他并不了解服装行业。为此，陈年在江浙一带的服装工厂里一待就是几个月，从而掌握了服装的面料、生产流程和成本等信息。经过几个月的调研，陈年信心满满地要用 PPG 模式来经营自己的公司。2007 年 10 月 18 日，凡客诚品正式上线，此时的凡客诚品几乎是第二个 PPG。

当时，模仿 PPG 模式的并非只有凡客，数十家类似的网站几乎在一夜之间冒了出来，而且很多网站的启动资金要比陈年多得多。这充分说明这一模式在当时极受热捧。然而，就在陈年打算大干一番的时候，PPG 出现了很大的问题，资金链断裂、拖欠巨额广告费、多名高官离职……行业内的老大轰然倒下，同时，类似网站也在不断关闭。接二连三的坏消息，给陈年的内心造成了很大的冲击。

陈年决定再次研究一下 PPG。经过研究，陈年发现 PPG 模式有很多缺点。首先，在电视和平面媒体上大量投放广告，致使营销成本巨大；其次，PPG 虽然号称互联网品牌，但是 95% 的销售额不是互联网，而是来自邮购目录和电话销售；最后，由于过分重视营销，生产环节以及物流服务质量控制工作做得马马虎虎。

这让陈年大吃一惊，同时他总结出这样的教训："为模式而模式，这是一个大忌！"最终陈年决定放弃 PPG 模式，将营销重点完全转移到互联网上。2008 年 1 月，凡客开始尝试在互联网上投放广告。这种策略收到了很好的效果，一个月后，凡客来自网络的订单达到了 50%，订单量首次突破了 1 000 万元。如此好的效果证明陈年的互联网营销思路是对的。所以，陈年开始在各大门户网站、视频网站、一些小网站、P2P 客户端上打凡客 68 元 POLO 衫"初体验"广告。除了在互联网上打低价牌以外，凡客还充分利用口碑营销、病毒营销、博客营销等营销方式，这些营销模式极大地塑造了凡客品牌，提升了凡客的品牌形象。

陈年的营销模式的转变是正确的，带来的是凡客的飞速发展，时至今日，凡客已经成为国内极具竞争力的服装品牌。

创新启示

为模式而模式是企业经营者的大忌，企业经营者要做的不是盲目跟风，而是在了解市场、看准趋势的基础上做出创新，打造出适合自身发展的企业经营模式。

| 凡客不可能做尽天下所有品类 |

凡客的能力是有限的，凡客不可能做尽天下所有品类。即使在服装中也无法跨越所有的品类。所以凡客要开放，首先是把力所不能及的品类开放给线下、线上品牌。

——摘自《陈年：凡客 2013 年战略重点是开放与合作》

开放合作在移动互联网时代变得越来越重要，因为一家公司不可能做完所有的品类，盲目的贪多贪大会给企业发展带来阻碍，唯有开放合作才能促进企业的发展。这一点是凡客在 2011 年经历挫折之后陈年的切身感受。

创业初期，凡客只卖衬衫。2008—2009 年，凡客开始涉足 T 恤、童装、帆布鞋。自 2010 年起，凡客开始扩张，实现多品类销售，Vancl T 恤、羽绒服、化妆品等品类开始热卖。到了 2011 年，这种品类扩张达到巅峰，凡客开始涉足小家电、3C、化妆品、日用家居等领域。不仅如此，凡客达人、社区、无线客户端、凡客 V+（开放平台）等新业务模式也开始出现。

在竞争日益激烈的市场环境下，凡客这种快速扩张策略起到了一定的效果，凡客的用户数飞速上升就是最好的说明。同时在 2011 年，凡客的营收接近 20 亿元，同比增长了 300%。

但是，凡客的这种急速扩张策略也带来了严重的库存积压和亏损，从 2010 财年到 2011 财年，凡客的亏损从 6 800 万元飙升到 4.86 亿元。更加严重的是，凡客在2011年IPO暂停，使凡客陷入资金链的危险境地。

凡客急剧扩张所造成的后果不得不使陈年开始反思。最终，他得出了结论："凡客的能力是有限的，凡客不可能做尽天下所有品类。"最终陈年确立了凡客要做的事情——开放合作，这种开放合作涉及线上品牌和线下品牌。

陈年强调，凡客会对一些不同的品牌开放合作。在2013年初，凡客收购了一些线上品牌，陈年收购这些品牌的初衷是作为凡客的补充。但是，当这些品牌进入凡客体系后，却出现了惊人的销售量，仅用四天的时间就卖掉了部分品牌八个月的库存量。同时，凡客开放某些优势品类的订单，并且寻找合作。这主要是因为凡客诚品供应链体系非常庞大，但是量级大反应速度慢。为了解决这一难题，凡客需要和反应速度快的中小型伙伴合作。除了上面的开放合作外，陈年还强调凡客可以在资本和专有资源方面与其他企业展开深入合作。

凡客的这一系列开放合作策略，给凡客的发展带来了益处，不但减少了凡客的库存量，同时，对凡客的扭亏为盈起到了良好的推动作用。

在日益迫切寻求开放与合作的市场环境下，企业之间的合作双赢显得尤为重要，就像是陈年所说的那样，公司不能做尽天下所有的品类，盲目扩张带来的只能是企业发展的停滞。既然不能做尽天下所有的品类，那么就需要寻求战略合作。在移动互联网时代，这种需求体现得更为明显。随着移动终端的智能化，用户使用移动互联网的习惯正在形成，用户需求为移动互联网产业带来了巨大的发展机会。这种发展机会是建立在合作开放的基础上的，因为移动互联网最具代表性的精神就是开放。

创新启示

对于企业来说，不可能做尽天下所有的品类，盲目贪多带来的只能是消化不良。所以，企业不要盲目扩张，扩张要在尊重客观规律、客观实际的基础上进行。同时要以开放合作的精神来寻求与其他企业的合作，在合作开放的基础上推动企业的发展。

第二章 营销是对人性的理解

| “凡客体”是源于自我表达 |

其实当时我看到这些恶搞很害怕，甚至想着是不是应该去删帖，但是后来这个恶搞的范围实在太广了，涉及的层面也太广了，即使我使出全部的能量来，也删不了，这就是凡客体。

——陈年在网上看到恶搞凡客体时如是说

在凡客所有的营销策略中，“凡客体”的营销模式是其中最有特色、最成功的一种。凡客体，即凡客诚品广告文案宣传的文体，该广告意在戏谑主流文化，彰显该品牌的个性形象。“凡客体”的爆红，对凡客的品牌宣传起到了非常大的推动作用。

凡客体的发端源于陈年在2010年三四月份的时候看到H&M的路牌广告，当时陈年就想凡客是不是可以也进行尝试。起初，凡客的品牌推广战略仅仅是韩寒和王珞丹穿着凡客的衣服，旁边孤零零地写着价格。陈年意识到这样的广告宣传在消费者心里很难留下印象，为了解决这一问题，凡客开始请视频广告人来提案，最终陈年确定了“我是凡客”的广告提案。比如，下面是韩寒的广告词。

爱网络，爱自由，爱晚起，爱夜间大排档，爱赛车；也爱59元的帆布鞋，我不是什么旗手，不是谁的代言，我是韩寒，我只代表我自己。我和你一样，我是凡客。

下面是王珞丹的广告词。

我爱表演，不爱扮演；我爱奋斗，也爱享受生活；我爱漂亮衣服，更爱打折标签；不是米莱，不是钱小样，不是大明星，我是王珞丹；我没什么特别，我很特别；我和别人不一样，我和你一样，我是凡客。

这两条广告不像是广告，更像是在进行自我表达。凡客体之所以能够取得成功，很大程度上就是由于这个原因。

其实，连陈年自己都没有想到“凡客体”会如此火爆。在“凡客体”广告的影响下，网上开始恶搞“凡客体”，诸如“爱碎碎念，爱什么都敢告诉你，爱大声喊‘爱爱爱’，要么就喊‘不爱不爱不爱’，请相信真诚的广告创意永远有口碑，我不是‘某白金’或‘某生肖生肖生肖’，我是凡客体”之类的广告词开始在网上疯传。数目庞大的“凡客体”图片在微博、开心网、QQ 群以及各大论坛上疯狂转载。

这些广告都是网友内心的自我表达。这些恶搞的广告语刚刚开始出现的时候，陈年很是担心，想着去删帖，但是恶搞的洪流确实太猛烈了，陈年就索性让其发展，最终就成就了独具特色的“凡客体”营销模式。

如今，“凡客体”已在互联网营销圈成为经典案例，同时也将互联网品牌广告推向了高潮。“凡客体”的爆红是有根源的，在新时代，每个人都渴望能够表达自己，特别是逐渐成长的“80 后”一代，他们更加需要的是个性的自我宣扬，而凡客主打的是年轻、时尚，年轻就是要有个性，“凡客体”无疑迎合了年轻消费者的这一心理需求。如此，营销能够取得良好效果就成了理所当然的事情。

创新启示

营销要想取得良好的效果，就要充分把握主流客户的心理，在主流用户心理需求的基础上来打造营销策略，制定广告营销模式。唯有迎合用户心理需求的营销策略，才能与用户产生共鸣。

“凡客达人”是移动互联时代的下一张牌

“凡客达人”与移动互联网的结合将是凡客下一步的重点策略。

——摘自陈年第五届 GMIC2013 全球移动互联网大会讲话

移动互联网快速来临，社区型电子商务日益凸显，电子商务行业纷纷试水社区化平台，如淘宝网开放 API、推淘宝客，以及美丽说、蘑菇街的迅速占领市场。在这样的大形势下，陈年认为在社区化平台的大趋势下，凡客要想与客户紧密互动，也需要一个社区化平台来进行个性化的推荐与展示。于是，凡客于 2011 年 3 月 18 日上线了凡客达人。

凡客达人是凡客旗下的社区化全民营销平台。在该平台，凡客用户自主免费开通店铺，即成为凡客达人（Vancl Star），并发布凡客产品搭配，如有顾客从该搭配页面下单成功，则此凡客达人即可获得销售分成，最高可达 10%。对于为何要上线凡客达人，陈年有自己的理解：“移动互联网快速来临，我们应该如何利用好这个趋势来建立我们自己的品牌？我们现在思考的是如何把移动互联网的应用和我们的品牌建设结合起来。”凡客达人就是基于这样的目的创建的。

凡客达人是凡客的一种营销手段，这种营销手段是基于对人性的理解，满足了用户表现自我的需求，因为用户可以在凡客内部秀自己的衣服，甚至交友。也正是因为如此，仅仅用了两年的时间，已经有 350 万凡客用户在使用凡客达人工具。凡客达人这一庞大的群体让陈年意识到，如果能在手机端将这一群体的购买、交互变得更简单，将可能为凡客在移动互联时代带来机会。基于这种考虑，凡客决定推出凡客达人移动 App。这也证明了陈年的说法，“凡客达人”与移动互联网的结合将是凡客下一步的重点策略。

新款凡客达人 App 是一个赏心悦目的全新移动社交平台，更突出了时尚、性感属性。这款凡客达人 App 以分享、交流为主题，用户可以在上面进行图片、视频、音乐、直播等形式的交流，一旦有优质内容，凡客还会给予现金奖励。除此之外，每一个达人都可以在这个平台上建立自己的主页面，24 小时不间断地分享图片内容，内容发布时间以及发布人所在位置可以通过自动定位显示。同时，达人发布的内容还可以同步分享到微博、微信上。

这款凡客达人产品体现的是开放、体验、分享的精神，旨在让每个普通人都能真实展示、分享自己美丽的一面。这种基于人性之上的产品营销方式，给了爱自由、爱时尚、爱分享的人喜欢的理由，所以这款凡客达人一经上线，就得到了用户的热捧。

凡客达人移动 App 的出现是凡客与移动互联网紧密结合的产物，也是陈年在移动互联网布局的重要一步。凡客达人移动 App 充分考虑到了移动平台的特点，把这种特点与凡客达人的特点充分结合了起来，最终打造出一款完美的移动客户端。

产品是否能够得到用户的喜欢，关键在于能否给用户带来良好的使用体验。把握住人性就能打造出让用户喜欢的产品，凡客达人移动 App 无疑做到了这一点，紧紧抓住用户的心理需求，根据用户心理需求打造产品，因而凡客达人移动 App 能够获得成功。

创新启示

移动互联网时代更加注重的是营销手段，打造移动 App 是一种重要的营销手段，这种营销手段是否能够取得成功，关键在于产品性能能否满足用户的心理需求。所以，企业要在充分考虑人性的基础上打造移动 App 产品。

微博营销：做到像朋友一样交流

微博营销要想取得好效果，关键是要做到像朋友一样去交流。

——陈年谈微博营销时如是说

微博是现代企业的一个营销利器，短短140个字中蕴藏着丰厚的利润。如果企业利用微博进行营销的时候能够做到内容系统、方法科学、操作性强，就能让企业依靠微博运营获得意想不到的价值回报。要想让微博营销得到良好的效果，就要做到像朋友一样与用户交流。

陈年明白利用微博进行营销的重要作用，同时也深谙利用微博进行营销的手段。“在微博上做到像朋友一样和用户交流。”这是凡客能够创建数十个官方微博账号，而其中“VANCL用户团”账号的关注人数已超过89万的秘诀所在。

在凡客的微博上，用户很少看到硬邦邦的广告与枯燥的文字。凡客发布的内容都是用户最关心的事情，如服务、配送、退换货服务等。同时，凡客微博客服在回答用户问题的时候，更像是朋友之间的交流。在客户遇到困难的时候，凡客的客服还会为其提供建议。针对凡客的产品和服务，客户可以在微博平台上发表意见，客服都会一一给予回复，并且会积极采纳合理的客户建议。

“像朋友一样沟通”是凡客通过微博取得营销成功的秘诀。陈年本人在这方面也做得非常出色，陈年会在个人微博中解答网友的各种投诉，会积极回应网友们对凡客诚品质量的批评和质疑，还会与网友们探讨凡客未来的发展。下面一条微博就体现了陈年始终把用户当作朋友一样去沟通。

大家好，我是陈年。由于近日订单激增、仓库搬家而导致的部分客户订单投递延误事故，给消费者造成了不便和失望，作为凡客CEO我内心非常不安，也能真切感受到那扑面而来的批评背后对凡客的期待，我代表公司向大家郑重道歉。

这就是凡客的微博营销策略，也是陈年对微博营销的认识。因为凡客没有实体店，微博可以充分满足与客户的互动要求。要想真正做到与用户互动，就要做到与用户沟通的时候要像和朋友交流一样。依靠这种方式，凡客拉近了与用户的距离，把顾客牢牢地锁定在品牌圈内，培育了数目庞大的用户群体。

企业营销的关键是要建设品牌偏爱度，这也是很多企业利用微博营销战略来打造品牌“信服力”的重要原因。凡客的微博营销策略告诉我们，微博营销不仅是一场轰轰烈烈的营销活动，而是需要每时每刻与用户在一起，分享生活点滴，传递产品理念，与用户共同成长，让用户对品牌产生信任，并信赖品牌所蕴含的一切内容。当企业能够给用户提供记忆深刻的品牌体验，并且能够把这种体验通过微博这个营销平台展现出来的时候，品牌自身的信服力就得到了增强。

所以，利用微博进行营销，关键是能够做到像朋友一样去交流。企业要想做到这一点，就要从以下两个方面努力。

首先，与用户沟通的时候要真诚。只有真诚才能获得用户的喜欢，要时刻做到与用户坦诚相见，积极回答用户的问题，善待用户的建议。唯有真正做到像朋友一样去交流，才能获得用户的拥戴。

其次，在问题出现时要第一时间表明态度，并积极解决。态度是应对危机的重要工作之一，第一时间表明自己的态度能够降低对方的反面情绪，对问题的解决是非常有帮助的。如果用户的情绪非常激动、不理智，就要放低姿态，以诚恳和理解的态度，站在对方的角度去思考问题。这样做就能让对方感觉自己很诚恳，进而促进问题的解决。同时，一旦发现是自己的问题，就要通过积极沟通的方式来解决问题，如果是对产品或者服务的投诉，就要在这些方面加以改正。企业还要提供多种解决方案供用户选择，以满足用户的心理需求。

创新启示

微博平台对于企业营销有非常大的推动作用，要想利用好这个平台，关键是要像与朋友沟通一样去交流，这样才能得到用户的喜欢，培养数目可观的微博粉丝群体。

第三章 凡客要聚焦正能量

竞争者越多越好

作为拉动中国内需的中国品牌，我希望凡客的竞争者越多越好。

——摘自陈年在 GMIC2012 大会上的讲话

市场经济是竞争经济，不进则退。市场经济的最大特点就是竞争，优胜劣汰。在这种情况下，一家不思进取的企业注定是一家没有前途的企业。所以，企业必须要时刻有紧迫感，随时随地准备竞争。同时，要善于向竞争者学习，以开放的心态拥抱竞争者。

陈年始终以积极的心态来面对竞争，在他看来，更多竞争者的加入不但有利于企业的发展，更加有利于中国市场的发展与完善。事实也正是如此，企业如果不能坦然面对激烈的竞争，就会在安逸中死去。

电商之间的竞争是惨烈的，企业如果没有忧患意识，迟早会在电商大战中被吞噬掉。陈年看到了这一点，也明白凡客要依靠竞争挣得一块电商版图。与苏宁易购的合作正是为了达到这一目的。

2012 年 10 月，借助苏宁“去电器化”形势，凡客与苏宁易购达成合作，将部分产品在苏宁易购上线销售。在这年的 11 月，电器连锁巨头苏宁易购与凡客也进行了深入合作，这些深入合作包括物流、渠道等方面的合作。

凡客缘何会选择与苏宁易购合作，目的就是要在电商的版图中挣得一席之地。现在互联网电商可谓是三家独大，天猫挟淘宝的巨大流量而占有优势，京东依靠较早地进入网购所以根基稳固，苏宁易购是家电巨头。陈年之所以会与苏宁易购合作，是因为苏宁易购的产品比较单一，苏宁有意扩展商品类目，拿下一定的网商份额来挑战京东。

陈年还善于向竞争对手学习。跟淘品牌的竞争就说明了这一态度。

凡客自从引入第三方产品后，第三方产品跟凡客的自有产品就形成了激烈竞争。淘品牌很熟悉怎么利用站内资源，所以它总是能够在凡客的搜索结果中排到前面，甚至挤掉了凡客自己的产品。陈年对此并不懊恼，而是认为凡客有这种刺激是好事，他倡导大家要学习淘品牌。

陈年没有从竞争者身上看到危害，而是看到了自我完善与成长。企业只有在竞争中学习才能得到不断成长。这也是陈年打造凡客“品牌＋渠道”模式的重要原因。陈年之所以为凡客打造这样的经营模式，就是为了以开放的姿态来面对每一位竞争者，他曾公开表示：“我们愿意把我们所不擅长的一些品类开放给传统品牌。”

从陈年的身上，我们不难发现，企业要想成长，就不能惧怕大量竞争者的涌入，因为竞争者给企业发展带来的不仅仅是危机，更有企业经营模式的完善与前进的动力。因为在竞争的过程中，企业可以向竞争对手学习。市场竞争激烈，每个企业都希望超越竞争对手一步，而要想超越竞争对手，就要向他学习，取人之长，补己之短，汲取竞争对手成功的经验，借鉴他们失败的教训，全面提高自己的综合竞争实力。除了可以向竞争对手学习之外，较多竞争者的加入会增强企业管理者的危机意识，在危机意识的驱使下，企业也会求新求变，这对企业的发展是大有裨益的。

创新启示

企业管理者不要害怕竞争者的出现，竞争者给企业带来的并非全是危害，更多的是好处。企业管理者可以向竞争者学习，学习他们的长处与不足，进而用学到的东西完善自己的企业。同时，企业要时刻具备忧患意识，积极求新求变，以求在竞争中取得胜利。

回到诚实

正能量的其中一条是回到诚实。

——摘自 2012 年全球移动互联网大会陈年演讲

“人无信不立，企无信则衰”，诚实信用就是企业的生存之本，是创造基业长青、建立百年老店的基础。“诚则立，信则久”——诚信是企业支撑品牌的基石，基石永存，则品牌之树常青。把诚信放在什么位置，决定着一家企业的经营高度，决定着它能否长盛不衰，永续经营。

陈年十分看重企业的诚信，他把诚实当作凡客聚集的正能量。按照他自己的话说就是：“必须有基本的善意和诚实。首先你这个东西好不好？其实你的员工也是你的用户，自己也是这个产品的用户，所以它到底好不好？我觉得这个事心知肚明，不好就别上，上了以后就是损失。”陈年一直在公司内部强调诚实守信，这样做的目的是要对用户负责。

这是凡客对用户的负责，也是对用户的诚信。凡客除了为用户提供物美价廉的产品外，还在服务模式上践行了自己的诚信观念。

凡客经过两年多的发展，于 2009 年下半年制定了 30 天无条件退换货的规定。也就是说购买者不管是否穿过、洗过，还是掉了扣子，抑或是烧了一个洞，凡客都会提供无条件退换货，并且购买者只要打一个电话，凡客的工作人员就会上门取货，更换的速度也非常快。

如今，凡客 30 天无条件退换货的规定依旧得到执行，凡客在用这项规定向消费者说明凡客一直都在诚信经营。

陈年的诚信观不仅体现在对消费者要诚信，还体现在对投资者要诚信。陈年说："在和投资者打交道的时候，首先应该想到就是要对得起自己的投资者，让投资者得到回报，而实现的前提就是我们要诚心诚意地做自己的企业，完成最初给投资者的承诺。"陈年认为创业的时候，不能欺骗自己的投资者，要对投资者报以诚信，要对得起投资者的投资，履行对投资者的承诺。

对于企业经营者来说，要始终做到诚信，否则给企业带来的将是灭顶之灾，正如陈年所说："产品不被别人接受，公司不被别人接受，作为一个品牌的谎言迟早会被戳穿。上市又能怎么样呢？上市也可以一夜之间被腰斩。"

诚信是我国自古以来的商业原则，这个原则并不是挂在嘴上说说而已，如果不落到实处，很可能就是多米诺骨牌效应的发端。诚信虽然并不是看得见的实物，但它能够被员工、客户及合作伙伴敏锐地感知。客户与合作伙伴从来就不是好欺骗的，挑战他们的智商最终也会得到更猛烈的报复，这个报复就是他们会对企业置之不理，以致企业走向灭亡。

所以，当诚信成为一家企业的标志时，这家企业不仅具有高度的号召力，还会赢得客户及合作伙伴的高度信赖。如果缺乏正直和诚信，很可能会危及到公司的前途和命运。

创新启示

市场不包容失信，市场也不相信眼泪。一家企业要在激烈的市场竞争中脱颖而出或处于领先地位，必须要在商品质量、价格、管理、服务等方面坚持信用至上，履行诚信承诺，抓好与诚信关联的系统工程。只有企业真正坚守住商业信誉这道大门，才能获得成功。

挑战乃是常事，这就是正能量

移动互联网创业者们要时刻提醒自己这一点，挑战乃是常事，这就是正能量。

——摘自 2012 年全球移动互联网大会陈年演讲

任何时代，企业在经营的过程中都会面临挑战，在移动互联网时代，这种挑战更加巨大。很多企业经营者惧怕挑战，但是在陈年看来，所谓的挑战是常事，是正能量，应该去积极拥抱挑战。

移动互联网时代的到来，各大企业都争相向这一行业转变，凡客自然不甘落后，推出了手机凡客，手机凡客对凡客销售起到了很大的推动作用。在 2011 年第一季度，手机凡客测试上线。为了测试手机凡客带来的销售效果，陈年特意查看了数据。结果显示，2011 年 5 月 10 号手机凡客是 8 000 单，而到了 2012 年 5 月 9 号，手机凡客增长了 4 倍，是 3.1 万单。这些销售量对于凡客来说是很小的，但是它的迅猛势头让陈年下定决心要做好手机凡客。

凡客在手机上取得的成绩还是非常好的，手机凡客的占比远高于其他电子商务平台。对此，凡客内部进行了分析，得出的结论是，移动互联网用户比 PC 端一定更加年轻，年轻就是时尚，而手机互联网是时尚，凡客走的就是“年轻”“时尚”路线，这种时尚能够与移动互联网客户端的时尚充分融合在一起。

然而，手机凡客不过是从简单的 PC 端移植，很多应用还没有做成熟。如何利用手机更好地展示凡客品牌，以及如何提升用户的体验还需要进一步研究。然而，手机凡客在打造的过程中也遇到了极大的挑战。手机凡客在上线的时候，凡客内部团队，还有包括耶客在内的很多合作伙伴都在凡客的办公室办公，他们在这里不断克服困难，力图打造一个更为出色的手机凡客。但是，陈年希望这支团队能够接受更大的挑战，因为在他看来："挑战乃是常事，这就是正能量。"

移动互联网时代有新机遇，也有新挑战，对所有已经进入，或者即将进入的创业者来说很多未知的困难和挑战还会存在。陈年提醒所有移动互联网创业者，要聚集正能量，勇敢面对挑战。这样才能在移动互联网时代获得成功。

在移动互联网时代，理想的企业家是那些向变化挑战的人。面对变化不定的世界、瞬息万变的市场环境，一个反应迟缓、僵化封闭、故步自封、不善变通的人，很难成为市场角逐的获胜者。要想在竞争中获胜，就要有敢于面对挑战的勇气。然而，光凭勇气是解决不了问题的，企业经营者需要不断提升自身变革领导力、变革洞察能力、资源整合能力策略推进能力以及心智反思能力。在敢于挑战的勇气的支配下，及时做出具有变革性的产品与企业运营模式，对企业发展来说具有很大的推动意义。

创新启示

挑战并不可怕，要把它当成一种常事，当成一种正能量。同时，企业要善于变革，当代经济是一个机遇与挑战并存、风险与收益共存的运动经济，只有时刻把握变化的市场，使思维随市场的变化而改变，才能得出科学合理的结论，才能真正指导企业进行生产经营活动。

08

第八篇

陈欧：产品服务是核心，品牌塑造是关键

第一章
产品质量是核心

| 宁愿进货不赚钱，也不为自己增加风险 |

宁愿进货成本过高公司不赚钱，也不为了赚钱进便宜的货给自己增加风险。

——摘自创业中国 2012 时尚专场陈欧讲话

现代市场下，电商之间的竞争日趋激烈，特别是美妆电商之间的竞争更为激烈。在美妆市场上，假货消息层出不穷，而电商平台也正在成为化妆品以及奢侈品等假货、劣货的新兴聚集地。因为美妆作为大众化商品，走量利润空间很大，这就让很多美妆电商在产品质量上有所疏忽。但是在陈欧看来，产品质量是美妆电商生存之本，不注重产品质量会给企业带来毁灭性打击。所以，聚美优品宁可进货不赚钱，也要严把质量关。

为了确保美妆质量，聚美优品商城里面的大部分商品是与品牌直接合作的，所有化妆品都来自于自己的仓库。同时，进货时，坚决保证从品牌官方渠道进货，严格按照自己采、自己验、自己发的方式，并且进货、出货、开票系统都是与经销商同步的，以保证产品的质量。比如与妮维雅的合作，妮维雅的全进口产品会直接从总部进口过来，聚美优品会直接从授权经销商那里拿货，以保证销售所有的商品都可以追溯到产品的生产终端。

然而，聚美优品是一个开放平台，在这个平台上，还有一些像淘品牌商一样自有平台的商家，这些商家会选择从第三方发货。聚美优品对这些商家同样进行严格监管，在产品把控上运用封闭式的模式，对所有将在聚美优品平台销售的化妆品全程进行独立的采购、验货、发货、物流仓储，以确保在聚美优品这个平台上没有假货。

虽然陈欧一直在产品质量监管上下工夫，但是外界还是对聚美优品的产品质量不断提出质疑，为了打消消费者对聚美优品美妆质量的质疑，聚美优品打造了真品联盟。

2013年3月11日，聚美优品宣布联合巴黎欧莱雅、资生堂、思妍丽等首批40多家知名品牌和渠道商，打造中国化妆品电商真品联盟。这些品牌在聚美平台销售的每一件商品都印有特制的唯一防伪标签，消费者购买产品后刮开防伪标签灰色涂层，可以获取16位数字真品码。登录真品联盟官网或品牌官方网站输入防伪码，就能查看货品的真伪。并且每一枚防伪码一般只能使用一次，目的是与未使用的其他防伪标识物区别开，以防止防伪码重复使用的问题。

聚美优品打造真品联盟，旨在告诉消费者聚美优品是诚信经营，产品都是质量过硬的。其实，在确保产品质量方面，聚美优品所做的努力不仅如此，在真品联盟成立之后，聚美优品先后投入5 000万元打假基金，用于支持防伪码体系建设，全力支持美妆打假。同时，在聚美优品的官网上，每销售一件加入打假防伪码的化妆品，商家会得到两元的补贴，一旦贴防伪码的产品质量出现问题，客户将得到10倍货款的赔付。

美妆电商市场一方面是让人心动的低价诱惑，另一方面却是假冒伪劣产品横行的风险。面对激烈的市场竞争，美妆电商应该把控商品质量，还是要为获得利润而忽略质量？在陈欧看来这个问题是不需要犹豫的，宁愿进货成本过高公司不赚钱，也要确保商品的质量。

创新启示

在竞争日益激烈的今天，企业在追求利润的同时，更应该注重产品的质量。质量是企业生存的生命线，唯有时刻严把质量关，才能打造出让用户喜欢的产品，企业也才能因此在竞争中获胜。

质量有保障就不怕打价格战

提供有保障的产品，让顾客买得放心，你的营销、促销活动才有用，才能留住顾客，让顾客重复消费。在此基础上，我们不怕同行的价格战。

——摘自陈欧创新中国 2012 时尚专场总决赛讲话

电商大战在互联网时代就非常激烈，迈入移动互联网时代后，这种竞争将变得更为激烈。电商巨头们纷纷投入高达数十亿元的巨资，扬言要做全网最低折扣，甚至提出“击穿全网最低价”等口号。为什么电商巨头们要这样做呢？电商为什么一定要打价格战呢？

通过调查研究不难发现，电商具备打价格战的条件。

首先，电商存在空间上的便利性，电商运营借助的是互联网平台，随着互联网的不断普及，消费者足不出户就能逛遍全世界的商场，买到自己需要的产品，买家与卖家只需要在网上进行零距离接触就能完成交易，这为电商降低商品价格提供了便利。

其次，电商有时间上的便利性。不管是 B2B，还是 B2C，最大的优势是将卖家和买家的距离通过互联网拉近为零，这无疑大大节省了时间，交易时间的节省意味着商家要想获得较快的交易，就要在价格上做出让步。

最后，互联网为“打价格战”提供了便利，互联网的普及可以将同一商品按款式、价格、销量，甚至还有好评率的高低呈现在消费者面前，消费者可以借助互联网搜索引擎技术获得自己需要的信息。“价格全网最低”往往能够在消费者搜索时出现，电商企业要想尽快促成交易，价格是一个比较有诱惑力的因素。

所以，电商在追求现金流的需求下，会选择打价格战。这种本末倒置的做法虽然有利于增加电商企业的现金流，但是并不利于企业的发展。企业最应该追求的是产品的质量，特别是对于电商企业来说，产品质量更为重要。对此，陈欧有深刻的理解，陈欧认为只要为顾客提供有保障的产品，就不怕同行的价格战。他在经营聚美优品的时候也一直贯彻这种思想。2014 年 5 月 16 日，聚美优品在美国纽交所上市，开盘价为 27.25 美元。面对聚美优品的上市，陈欧表示上市融资将主要用于提高用户体验，不会打价格战。

实际上，陈欧一直都在抓产品质量，直接与品牌合作、加大产品监管力度、创建真品联盟都是抓产品质量的体现。聚美优品在抓好进货渠道的同时，宣布从 2011 年 3 月开始实施 30 天无条件退换货的规定，这样让顾客买得更放心。

在移动互联网时代，虽然互联网为企业发展提供了便利，也为企业打价格战提供了良好的土壤，但是保证产品质量才是企业的明智之举。华硕总经理徐世明认为，全世界没一个质量差、光靠价格便宜的产品能够长久地存活下来。通用电器总裁杰克 · 韦尔奇更是鲜明地指出，“质量是维护客户满意和忠诚的最好保证，是企业应对竞争的有力武器。”质量对营销有巨大的影响，单单依靠价格战是不能让企业得到长久发展的，唯有在产品质量上下工夫，才能赢得越来越多的客户。

创新启示

企业经营者不要总是想着以价格取胜，而是要在产品质量上下工夫。较高的质量可以直接带来顾客的忠诚度，同时也支撑了较高的价格和较低的成本，并能减少顾客的流失和吸引到更多的新顾客。质量是企业占领市场最有效的武器。

第二章 提供令人满意的服务是保障

| 电商做好服务才有市场 |

电商唯有做好服务才有市场。

——摘自 2011 聚美优品美妆风尚大典陈欧讲话

并不是所有从事电商行业的人都能体会到服务的重要性。很多从事电商行业的人目光短浅，他们根本不懂电商，听说电商投入小，赚钱多，于是蜂拥而上。在经营的过程中，根本不关心服务。这样的做法是没有办法做强做大的。电商唯有做好服务才能长久发展。

陈欧经营聚美优品时十分注重服务，在他看来，电商唯有做好服务才有市场。他说："团购是很好的商业模式，但有商业模式不等于有核心竞争力，能为用户提供好的服务才是核心竞争力。"在这种理念的倡导下，聚美优品一直在服务上努力。

刚起步的时候，聚美优品推出包邮的政策，这在当时是比较先进的。后来，聚美优品推出 30 天拆封无条件退货的策略，并且将退货权利交到基层客服，这项服务在外人看起来是疯狂的，因为化妆品类拆分以后就报废了。但是，聚美优品还是推行了这一服务策略，并且取得了非常好的营销效果。

陈欧这样做旨在为消费者打造良好的服务体验，并且以此来获得消费者的信任。聚美优品从最初成立，就积极为用户解决问题，追求产品品质，始终和用户站在一起。聚美优品始终把工作重点放在用户服务和产品采购两个环节上，为更多的爱美女性提供低价、优质的产品和服务。

其实，聚美优品这样做是源于维护用户口碑，因为陈欧相信只有拥有用户口碑，电商才能做强做大，所以聚美优品一开始就在集中注意力做口碑营销、线上口碑维护、用户之间的口碑传播，为了达到这样的目的，聚美优品一直确保产品优质，并确保一直做最好的服务。正是由于质量过硬，服务一丝不苟，聚美优品才培养了用户的忠诚度并形成口碑传播，如今的聚美优品已经成为女性用户团购的不二选择。

对于电商经营者来说，要想获得市场，就要像聚美优品那样做好服务。成功的电商经营者会把注意力集中在顾客身上，因为他们懂得电商的利润是由客户的忠诚度决定的。忠诚的客户（也是老客户）会给企业带来超常的利润空间；客户忠诚度是靠客户满意度取得的，而企业提供的服务价值（服务内容加过程）决定了客户满意度。

电商为什么要留住客户，因为用于维护一个老客户所支出的费用，仅仅是吸引一个新客户的 1/7。而且，老客户不仅是产品的使用者，也是企业品牌形象的义务宣传者。一个消费品方面的老客户会直接或间接地影响到 37 个新的消费者。因此，老客户是企业的一笔宝贵的财富，而优秀的服务是电商赢得老客户的根本途径。

总之，优质的品牌服务是电商获得市场的重要保证，随着产品差异化的缩小，品牌所蕴含的服务显得更加重要。未来竞争的关键不在于电商能提供什么产品，而在于其提供的服务如何。因此，电商要想获得市场，必须完善服务，并且不断提升服务的层次。

创新启示

顾客希望在那些他们信任的平台上购买商品和接受服务，购买率与对电商平台的满意度成正比。所以，电商经营者要想获得市场，就要做好服务，依靠服务留住老客户、吸引新客户。

创新式服务催生购买力

我们有很多创新的服务，如“30天无条件退货”。但是当时是说拆封之后就不能退了，而现在是用了还能退。

——摘自陈欧《在路上》记者问答

移动互联网营销的精神是创新，要想更好地生存下去，只能永不停息地创新，因为在移动互联网时代如果没有敢为天下先的持续创新精神，等待企业的就只能是灭亡。这种创新不仅体现在产品打造和商业模式上，还体现在服务上。陈欧认为，创新式服务能够催生购买力。

聚美优品在抓产品质量的同时，在服务上也极力做到行业领先。他首先做的就是加大建设自己的仓储物流。

在聚美优品刚起步的时候，主要业务是团购，要想做好团购，服务在其中发挥着重要作用，但是当时的团购行业普遍存在的现象是服务水平偏低。为了改善这一状况，聚美优品开始大力建设自己的仓储物流。这样不但能很好降低存储成本，而且能更好地利用公司的人力资源为顾客带来一种持续、长久和稳定的商业服务。

事实证明，这一做法对聚美优品的发展起到了重要作用。

此外，聚美优品在服务上的创新还体现在送货速度上。

物流对电商的影响是非常大的，所以，要想吸引顾客、留住顾客，就要为顾客提供出色的物流服务。聚美优品在这方面做得非常出色。2013年春节，由于物流影响，很多中小电商及平台商家均在春节期间贴上了放假的信息，但是聚美优品却在春节期间营业，并且照常发货，聚美优品重金打造的各地分仓全速运转，确保六小时发货直达全国。

这一闪电送货服务使聚美优品的成交量得到了飞速提升。

聚美优品每走一步，服务都在进一步提升。30天拆封无条件退货就是聚美优品服务创新的又一大体现。

2011年，聚美优品将“30天无条件退货”升级为“30天拆封无条件退货”。在这一模式下，消费者在产品开封后可以退，产品使用后可以退，使用产品过敏后可以退，并且是无理由退货，同时，退货运费由聚美优品承担。

拆封也退货挑战了化妆品电商行业的“潜规则”，却进一步维护了消费者的利益。聚美优品顺势适时提出的这一全新服务政策，目的是给用户带来全新的购物体验，为用户营造一个放心、安心、贴心的网购环境。这一服务为聚美优品带来了更多的用户，购买成交也得到了大大提升。

上述几项就是聚美优品在优化服务上的缩影，陈欧始终在服务上做到创新，力求依靠个性的服务为用户打造全新的购物体验，依靠新颖、独具吸引力的创新服务来促进成交。事实证明，陈欧的创新式服务为聚美优品的发展带来了好处，越来越多的用户开始在聚美优品上购物。

聚美优品在服务上的创新告诉电商经营者，要根据市场和用户的心理需求不断改进、完善自己的服务。唯有如此，才能促进购买。

创新启示

对于企业经营者来说，不仅要重视产品与经营模式上的创新，还要做到服务上的创新。服务上的不断创新，能够为客户提供完美的购物体验，能够维护并提升客

户的忠诚度。最终促进成交，为企业带来利润。

微博、微信是提升服务质量的保证

微博、微信可以帮助公司 CEO 获取真实的信息，服务出问题、货品出问题都能在第一时间得到反馈。

——摘自陈欧 2012 创业中国时尚专场总决赛讲话

在移动互联网时代，传统的营销模式已经不能适应市场的发展。企业和商家迫切需要寻求一种新的营销方式来塑造品牌、推销产品，微博与微信的出现正好解决了这一问题。更多的商家开始瞄准微博与微信这两个“微”平台，并且依靠这两个“微”平台取得了良好的营销效果。

对于微博来说，短短的 140 个字中蕴藏着丰厚的利润。如果企业在利用微博进行服务的时候能够做到内容系统、方法科学、操作性强，就能让企业获得意想不到的价值回报。除了利用微博来提高服务质量外，微信也是一种非常重要的提高服务质量的方式。微信营销是网络经济时代企业营销模式的一种创新。微信不存在距离的限制，用户注册微信后，可与周围同样注册的“朋友”形成一种联系，用户订阅自己所需的信息，商家通过提供用户需要的信息，推广自己的产品，从而实现点对点的服务。

微信逐步完善的功能为营销提供了更多手段，发信息、发图片、发语音等手段为提高服务质量提供了可能。特别是微信 5.0 版本的推出，“扫一扫”“微信游戏”“微信支付”“自定义菜单”等新功能背后都蕴藏着巨大的商业机会，其公众账号功能，更能为企业提高服务质量带来巨大的推动作用。

作为电商巨头，聚美优品也看中了微博、微信平台。为了做好服务，陈欧每天都会花很多时间在微博中搜索关于聚美优品的所有信息。陈欧这样做，就是因为从微博中可以获取有关聚美优品的真实信息，任何问题都能在第一时间得到反馈。同时，聚美优品还利用微博与消费者互动，这对聚美优品品牌知名度和信任度的提升起到了很大作用。

在提高服务质量上，陈欧不仅瞄准微博，在越来越多的电商加入微信营销的队伍中时，聚美优品也常常利用微信开展各项营销活动为用户提供服务。

2012 年 10 月 10 日至 10 月 19 日，用户在微信客户端扫描聚美微信二维码，或直接添加聚美微信账号，并在聚美微信上许下心愿，然后按照规定格式将许愿图分享到新浪微博，就有机会获得聚美优品官方送出的 1 000 元大礼包。这次活动连续十天，每天抽出一位幸运网友。

更让广大网友激动的是聚美优品 CEO 陈欧也在这次活动中开展微信晒心愿活动，并从 1 000 元大礼包的获奖用户中抽出一位幸运获奖者，实现这位幸运者在聚美微信上许下的心愿。这一微信营销活动一经发布，就广受用户的欢迎，用户特别乐于晒许愿内容，很多用户在许愿的同时，还要调侃一下聚美微信。

聚美优品的这次营销活动取得了圆满成功，聚美企业微信账户成为在最短时间获取最多用户的微信账户之一。聚美优品微信营销活动的成功源于他为用户提供了更为完美的服务，极大地调动了用户的兴趣与参与的积极性。

不管是微博还是微信，都能够为提高服务质量助力。它们能够及时为商家提供反馈信息，让商家改善自己的服务。同时，利用这两个平台做服务，可以给用户全新的服务体验，这对企业的发展有很大的推动作用。

创新启示

微博、微信平台是移动互联网的技术平台，能帮助企业随时随地了解客户的需求，并且对客户做出回应，这种极具人性化的服务为企业品牌带来好“口碑”。所以，企业要利用好这两个平台，提高企业的服务质量。

第三章
轻松、娱乐营销是关键

｜ 聚美优品一直在做娱乐营销 ｜

我们的用户在哪里？是女性的时尚用户。她关注的是什么节目？偶像剧、综艺节目、新奇特。所以我们在营销上，就要做娱乐性的营销。

——摘自陈欧 2012 中国时尚专场总决赛陈欧讲话

在当今市场环境下，电商大战愈演愈烈，企业如何在这场厮杀中取得胜利，关键在于营销策略，营销策略需要接地气，抛开各类复杂的技术派 KPI，做到有趣才能收到良好的效果。所谓娱乐营销，就是借助娱乐的元素或形式建立产品与客户的情感联系，从而达到销售产品，建立忠诚客户的目的。

陈欧非常看重娱乐营销，正如他所说："聚美优品从第一天开始就在做娱乐营销。"在进行娱乐营销之前，陈欧对用户进行了仔细的调查研究，因为聚美优品的主流客户是时尚女性，她们喜欢偶像剧，并且关注当下最流行的综艺节目。在做了研究之后，陈欧就开始打造聚美优品专属的娱乐营销模式。

首先，聚美优品利用综艺提升知名度。

2011 年 4 月 21 日，聚美优品签约形象代言人韩庚，陈欧与韩庚一起为聚美优品做代言。以星座为切入点，强调"两个水瓶王子碰撞能产生什么样的火花"，星座说对女性消费者具有极大的吸引力。依靠韩庚，聚美优品获得了更多粉丝的关注。

接下来，陈欧经常参与天津台热播的求职节目《非你莫属》，随后又在国内第一档美女综艺脱口秀节目《Lady 呱呱》中亮相。

这种依靠综艺进行娱乐营销的方式对聚美优品品牌形象的提升具有很大的推动作用，加深了聚美优品在消费者心中的形象。

聚美优品还利用偶像剧来做娱乐营销，以提升聚美优品的品牌形象。

为了提升聚美优品的品牌形象，陈欧于2013年6月以出品人的身份投资了《女人公敌》，并且扮演其中的一个角色。《女人公敌》是完全属于聚美优品和河马家的广告片，《女人公敌》一经公映就取得了良好的营销效果，上线10日，稳居百度排名第一。仅半个月时间，就续拍到第4集，播放次数达3 003.2万次。

这部影片让更多的用户了解了聚美优品，并且加深了用户对这个品牌的认知。

这就是陈欧的娱乐营销策略，依靠娱乐的方式让更多的女性消费者知道聚美优品，俘获众多时尚女性的“芳心”。陈欧的娱乐营销策略，也为移动互联网时代下的企业经营者提供了一种绝佳的营销模式。

网络时代的高速发展和中国拥有的上亿互联网用户，使得大多数企业开始注重网络推广。但由于不懂得如何进行营销，使得许多企业虽然投放了很多资金，但是取得的效果并不明显，企业因此抱怨网络推广没有成效。其实，并不是网络推广没有成效，而是这些企业没有掌握营销的技巧。如果企业能够在娱乐营销上下工夫，就一定能够取得良好的营销效果。正如美国的娱乐经济大师迈克尔·沃尔夫所说：“在这个消费者的时间如此之少、口味又如此善变的世界里，企业应该如何吸引消费者的注意呢？一旦抓住消费者的注意力，企业可以加进些什么来提高产品的价值，使产品更具吸引力？答案只有八个字：‘娱乐内容’或‘娱乐要素’。”

创新启示

娱乐营销具有互动性高和传播性快的特点。在众多的营销方式中，娱乐营销更是其中最容易成功和影响力最大的营销方式。

| 娱乐营销要做到创新 |

创新式的娱乐营销是崛起的关键。

——摘自陈欧 2012 中国时尚专场总决赛陈欧讲话

虽然娱乐营销能够提升企业的品牌形象，但是并不是所有的娱乐营销都能达到良好的效果。要想起到良好的营销效果，娱乐营销就要做到创新。无论在娱乐主题上，还是在运作方式上，娱乐营销都要强调创新性，以激发消费者的好奇心与参与意识。陈欧深谙创新式营销的重要性，所以他强调“创新式的娱乐营销是企业崛起的关键”。

陈欧在做聚美优品的娱乐营销时时刻把握创新性。“陈欧体”与情感剧的软性广告植入就是最具代表性的事例。

2012 年 10 月 12 日，聚美优品发布 2012 年新版广告。广告由其 CEO 陈欧主演，广告词是：“你只闻到我的香水，却没看到我的汗水；你有你的规则，我有我的选择；你否定我的现在，我决定我的未来；你嘲笑我一无所有，不配去爱，我可怜你总是等待；你可以轻视我们的年轻，我们会证明这是谁的时代。梦想，注定是孤独的旅行，路上少不了质疑和嘲笑，但，那又怎样？哪怕遍体鳞伤，也要活得漂亮。我是陈欧，我为自己代言。”

这一营销模式的推出，给聚美优品带来了非常好的营销效果。仅仅陈欧的新浪微博粉丝就由 100 万涨到了 154 万，聚美优品也随着“陈欧体”的爆红出现爆发式的增长。一个月内，聚美优品的 UV 访问量成倍地上涨，一天订单多达 20 多万个。

除了“陈欧体”外，聚美优品在娱乐营销上的创新还体现在情感剧《百万新娘之爱无悔》中植入软性广告。

2013 年 4 月份，都市情感剧《百万新娘之爱无悔》热播，作为投资商的聚美优品进行了软性广告植入。为了能给观众留下深刻的印象，聚美优品一改以往电视剧广告植入常用的企业标识特写方法，而是将聚美优品与剧情、人物对话进行巧妙的融合，能让观众在收看电视剧的过程中无意识地接受品牌。

聚美优品的广告植入引起了网友的热议，由此引发的话题呈爆炸式增长，聚美优品的这次营销活动刷新了植入广告的纪录。

不管是“陈欧体”的快速蹿红，还是情感剧中的软性广告植入，都体现了聚美优品在内容营销和娱乐营销上的持续创新精神，这种创新的娱乐营销模式给聚美优品带来了相当丰厚的回报，不但让聚美优品的盈利得到大幅度提升，还极大地提升了聚美优品的知名度。

为什么娱乐营销要强调创新？因为只有创新才能吸引消费者，正如陈欧所说：“聚美优品的每个创意都要抓住消费者的心，这样才能真正吸引顾客。”在陈欧看来，在营销广告上内容远远大于载体，而创意占了一个成功广告中 80% 的重要性，所以，创新对于娱乐营销来说具有非常重要的作用。

创新启示

娱乐营销发展顺利的很大原因是因为市场的更新。市场是不断变化的，每一项娱乐营销战略都是依据市场的需求变化来创造商机。要想让娱乐营销真正符合市场需求，企业就要不断做到创新，创新的娱乐营销模式才能适应社会的发展，推动企业品牌形象的塑造，加深品牌在用户心中的形象。

线下体验让营销最具竞争力

实体旗舰店会给消费者带来直接体验，同时还可以提升品牌的可信度。

——陈欧对开设线下店的理解

进入移动互联网时代后，改变最大的是什么？答案当然是互联网世界与现实世界的互动。如今，我们的生活开始渐渐移动互联网化了。在这个领域中，通过将线上虚拟世界（online）和线下现实世界（offline）进行互动，让互联网成为线下店面的前台而产生的新型商业模式，就是O2O商务模式。O2O的涵盖非常广泛，只要产业链中既可涉及线上，又可涉及线下，就可通称为O2O。

O2O的本质是传统营销方式的升级，借助“互联网”的力量，升级为营销2.0。在O2O中，核心是店铺，电子商务只是辅助手段。店铺要想方设法在网上寻找目标消费者，然后将他们带到现实的店铺中。对消费者来说，他们在这种模式下既享受了互联网快捷流畅的信息体验，同时线下体验也让他们不再对实体产品产生种种怀疑。对商家来说，线下实体店的体验能够让自己更具竞争力。

聚美优品一直以来行事都颇为高调，陈欧更是因为“陈欧体”而为大众熟悉。虽然陈欧表示，线上和线下互动未必是电商未来发展的必经之路，但是聚美优品还是对此进行了大胆尝试。聚美优品除了在线上推广、销售自己的产品外，还在线下设置了旗舰店，让用户去实体店内体验，这种方式推动了聚美优品的产品销售，并且提升了聚美优品的品牌形象。

2013年年底，聚美优品的线下旗舰店正式与消费者见面。聚美优品线下旗舰店位于北京繁华的商圈——前门步行街，聚美优品之所以在这里搭建线下旗舰店，是因为这里人流量大、位置优越。聚美优品线下旗舰店分为上下两层，一层为香水销售区，二层为护肤品、彩妆区。整个实体店以品牌专柜的方式进行展示。消费者可以在店里购买聚美优品线上的所有产品，并且店内的商品在价格上都有一定的优惠，与线上价格相近。同时，聚美优品还在店内设置较多的 App 二维码，用户扫二维码登录客户端就能获得奖励。聚美优品这样做，是为了打通线上线下，充分利用 O2O 模式进行营销，实现线上和线下的互动。

至于聚美优品为什么要设立线下店，陈欧给出的解释是电子商务进入门槛太低，这就会导致消费者产生不信任感。线下旗舰店会给消费者带来直接的消费体验，可以提升品牌的可信度。

这种线下体验的方式，给聚美优品的销售带来了很大好处，聚美优品单日最大销售额已经突破了 5 亿元，非但如此，聚美优品还依靠打入线下市场，赢得了消费者的充分信任。

相比传统电子商务模式，O2O 的开发前景更加广阔。最早提出 O2O 概念的美国人 Alex Rampell 指出："美国电子商务的每年平均客单价大约 1 000 美元，而美国人的平均收入则是 40 000 美元。也就是说，O2O 的商务规模在理论上可以达到传统电子商务规模的 20 倍以上。"创新工场 CEO 李开复也表示，O2O 未来会改变中国，线上、线下一旦连起来，将是巨大的爆发式力量。

O2O 营销的重点还在于线下体验。其实，不论是哪种 O2O 模式，其核心都应该是方便消费者，优化消费者的消费体验。在移动互联网时代，每天都会有许多新名词、新概念冒出来，但真正能获得成功的，还是真正关心消费者的企业。

创新启示

电商企业在做好线上营销的同时，还要做好线下体验。线下体验能给消费者带来直接的消费体验，能提高消费者对品牌的信任度。这种线下体验的方式比单纯的线上营销效果更好，让营销更具竞争力。

09

第九篇

于刚：以科技力破局，以革命力发展

第一章
技术促进电商的飞速发展

| 技术是电商的核心竞争力 |

电商的核心竞争力不是营销，要依靠技术创新和供应链管理降低成本。

——摘自于刚对电子商务行业的看法

移动互联网时代的到来，在为人们带来更加便捷、丰富和流畅的信息体验的同时，也加快了人们的工作、生活节奏，并在无形中改变了人们的信息获取方式和决策方式。毫不夸张地说，移动互联网正在改变一切，而且这种改变不可逆转。聪明的企业早就应该注意到这种变化，并及时做出应对。电商从业者也在紧赶这种变化，依靠各种手段应对移动互联网的冲击。

面对移动互联网的冲击，更多的电商从业者看重的是营销，依靠营销制胜，但是在于刚看来，技术才是电商的核心竞争力。于刚始终把技术当作 1 号店最核心的竞争力，并且在技术提高上不断做出努力。

为了提升 1 号店的技术竞争力，于刚打造了一支拥有 700 人的研发团队，并且在武汉设立了专门的研发中心，这种做法足以看出于刚对技术的重视。除了打造一支高素质的科研队伍外，1 号店的创新还体现在其花费很大心力自主创新了一套专属系统。自动采购系统、仓库管理系统、营销管理系统、库存管理系统、CRM 财务管理系统、供应商管理系统、PIS 系统、配送管理系统等都是 1 号店自主开发的，这一系列自主开发的系统让 1 号店的运营效率得到了大幅度的提升。例如，以前处理一个订单要花费 10 分钟左右，而现在仅需要 85 秒左右。

这些科技创新是于刚注重技术的重要体现，同时这些技术创新也让 1 号店的发展受益匪浅，增强了 1 号店的竞争实力。于刚之所以这么看重技术，就是因为他深知技术能给用户带来良好的购物体验。

面对移动互联网的迅猛发展，电商要做的就是改变，这样才能掌控未来，正如查克·马丁告诫人们的那样："要么主动参与塑造未来，要么就被强加一个未来。"当互联网带来了在线购物时，消费者的互动性已经得到了巨大的提升。如今，电视、报纸、杂志早已不再是消费者的主要信息接收渠道，移动终端作为最大、最便捷的营销信息发布平台，连最后一个消费步骤"支付"都一并拿下。面对如此大的改变，电商也要积极做出改变，要想改变有成效，就要注重技术，技术带来的是不断创新，而这种不断创新正是电商符合市场发展的重要手段。

所以，在移动互联网时代，电商要想在竞争中取胜，不能仅仅依靠营销手段取胜，营销手段固然能够增强企业的竞争力，但是这只能给企业带来暂时的发展，企业要想获得长久的发展，还得依靠技术，技术是企业的核心竞争力，对于电商来说更是如此。

创新启示

电商从业者要注重技术的力量，依靠技术创新为消费者打造完美的销售平台和愉悦的购物体验。电商从业者要依靠科技的力量在激烈的竞争中破局，并且依靠科技的力量在竞争中取胜。

一站式购物App最具竞争力

"一站式购买，一站式服务"，这个理念从来没有改变过。真正做到让用户足不出户，完成一站式服务。

——摘自于刚谈1号店一站式购物的经营哲学

2012年，美国发布了一组关于智能手机的数据：相比2011年，2012年智能手机占手机总量的比例从38%涨到了50%，安卓与iOS系统的用户从3 800万涨到了8 400万，与之相应的是，手机用户花在App和网络上的时间，从73%涨到了81%，用户平均下载并长期使用的App数量从32个涨到41个。我们是否已经进入了App时代还不能妄下断言，但随着智能手机的发展，手机App已渐渐成为移动互联网营销传播的新渠道，这是不争的事实。

手机App营销与传统营销不同，它不需要铺天盖地的广告，也不需要规模庞大的销售人员，却能做到传统营销无法做到的事。对于电商来说，App营销能够取得非常好的效果。特别是一站式购物App，能够让用户简便快捷地完成购买，所以深受用户的喜欢。于刚深知一站式购物App对于电商的重要性，所以他一直致力于打造1号店一站式购物App。

1号店客户端是集搜索、购买、下单、送货为一体的一站式购物，与网上1号店数据同步，这种一站式购物App支持团购、支持多种付款方式、支持货到付款、支持条码/二维码扫描、支持新浪微博、QQ登录，同时用户不需要注册就能购物，用户还可以在这个平台上查询物流信息。

1号店这种一站式的购物App对消费者来说非常方便，可以足不出户完成整个购买过程，因为是移动客户端，所以即使在上下班的途中也能完成购买。为了完善一站式购物，1号店还陆续推出了团购、店中店，以及购买机票、火车票、福利彩票的虚拟类服务。同时，为了让服务变得更为完美，1号店不断扩大技术团队，升级服务管理，同时打造覆盖全中国的配送服务。

1号店打造一站式购物App是源于移动互联网的发展，在移动互联网时代，从接触顾客到吸引顾客再到黏住顾客，甚至从发起促销到完成销售，整个营销过程都只需要 App 这一个小小的端口。这种营销能力实在是太诱人了。就像百分通联 CEO 张福连所说："App 是移动互联网的活跃因子，是移动互联网产业的新鲜血液，更是移动整合营销服务中的核心要素，新型的整合了各种移动互联网先进技术和推广手段的移动营销方案，首先离不开的即是 App 的牵线搭桥。"在所有的 App 形式中，一站式购物 App 更具竞争力。

然而，要想让一站式购物 App 真正发挥作用并不是一件简单的事情，对于 App 用户来说，实用性是最重要的。谁都不喜欢自己的手机屏幕被各种图标占满，因此，手机用户会谨慎地选择保留哪些 App。不实用的 App 即使被一些用户下载了，在试用一段时间后也会被删除。所以，要做好一站式购物 App 就要注重其实用性。此外，一站式购物 App 还要能够引起消费者的心理共鸣，如此企业才有机会向用户推荐自己的产品。因此，企业在做 App 营销时要注重与消费者进行深入对话，充分了解消费者的潜在需求和心理预期，根据这些反馈优化自己的产品，并调整宣传策略。

创新启示

在移动互联网时代，App 营销在营销方式中占据着越来越重要的地位，而一站式购物 App 更是对电商的营销起着非常重要的作用，一站式购物 App 因其便捷性而广受消费者的欢迎。电商在做一站式购物 App 的时候要做到实用，同时要能够引起消费者的共鸣。

多样化的购买方式可以增强竞争力

1 号店旨在为用户打造多样化的购买方式，为用户打造完美的用户体验。

——摘自于刚谈 1 号店经营哲学

在移动互联网时代，用户已不再满足于单一的购物方式，他们希望拥有更多的购物方式，以满足自己购物的欲望。电商只有做到购物方式多样化，才能最大限度地吸引用户，增强市场竞争力。于刚深知购物多样化对电商的重要作用，所以也一直致力于为用户打造多样化的购买方式。

其中，最为典型的一种购买方式是拍照就可以购物，这种购物方式源自于二维码。对于企业来说，二维码的潜力和应用不可限量，因为二维码几乎可以用任意尺寸打印在任何地方，而且都不会影响用户的扫描效果。消费者扫描二维码后立即就能登录到相关网站，同时能够在网站上购买。

于刚深知二维码对于电商营销的重要作用，所以 1 号店打造了移动客户端，用户只需通过扫描二维码就可以进行购物。对于这种做法，于刚有自己的理解："这样做是与电子商务连起来，同时又是与手机连起来。"这种购买方式给用户以新鲜有趣的感觉，越来越多的用户开始利用这种方式购物。

这种购物方式不仅给 1 号店带来了经济效益，还为 1 号店的形象推广起到了推动作用。

此外，1 号店的购买方式不仅体现在二维码上，还体现在利用微信公众平台上。

1 号店充分利用微信"搜一搜"功能，只要用户输入自己想要查询的商品名称，1 号店微信公众账号将会自动搜索推送相关商品，并且提供购买链接，这大大方便了用户。这一方式为 1 号店的营销带来了好处，查询 1 号店商品信息日均扫描次数接近 25 000 次，每天通过微信"扫一扫"功能登录 1 号店的平均有 20 000 人。

除了以上两种购买方式外，1 号店还推出了掌上 1 号店、虚拟超市等多种购物平台，这些平台为用户提供了多样化的购买方式，为 1 号店赢得越来越多的用户。

1 号店的这些做法的最终目的是为用户提供优质的用户体验。于刚深知用户体验是决定一家电商企业成为伟大公司还是平庸公司的分水岭，于刚就是依靠为用户提供完美的用户体验来增强自身的竞争力。

现阶段，移动购物对 PC 端购物产生了一定的影响，而移动购物的入口也在悄然发生着变化。除了传统的站内搜索、通用搜索等方式外，二维码、移动社交产品也成了用户选择移动购物入口的方式。这就决定了购买方式要多样化，唯有如此，才能提升企业的竞争力。

移动电商正在快速成长，但是与 PC 端购物以及传统市场相比，移动电商的发展还处在起步阶段，要想在起步阶段有所作为，移动电商从业者就要放平心态，探索出真正适合自己的发展模式，这其中就包括多样化的购买方式。唯有如此，才能增强企业的竞争力。

创新启示

在移动互联网时代，用户体验决定着企业的发展。电商经营者要在提高用户体验上下工夫，要为用户提供多样化的购买方式，提高用户购买过程的愉悦感，从而维护用户的忠诚度，最终达到增强企业竞争力的目的。

第二章
勇于做第一个吃螃蟹的人

| 创新左右着电商的命运 |

为什么创新这么重要呢？我认为，创新是一个企业的生命线，这个一点不夸张，一点不过分。

——摘自于刚 2013 电商行业派代年会讲话

不管是在互联网时代，还是在移动互联网时代，创新对于企业的发展都起着重要的作用。对于电商从业者来说，创新的作用显得更为重要。创新是企业的根本，是企业发展的“引擎”，企业只有做到了创新，才有可能持续保持自己的竞争力。移动互联网时代的市场是买方的市场，很多行业都已出现了供大于求、相对过剩的现象。对于电商企业来说更是如此，于刚深知创新对于电商的重要作用，他认为创新是企业的“生命线”。

于刚认识到创新对于电商经营的重要作用，因此在打造 1 号店的过程中他始终把创新放在第一位。

1 号店企业文化的八字箴言是“诚信、顾客、执行、创新”，把创新写入企业文化，可以看出于刚对创新的重视。同时，为了真正践行“创新”理念，1 号店还专门成立了创新中心，搭建创新平台——一起创。1 号店的顾客、合作伙伴以及员工都能通过这个平台提交自己的创意，1 号店会把这些创意综合起来，把有价值的创意纳入企业发展过程中。不仅如此，1 号店还成立了专家团队对创意进行评估，最终决定哪些项目可以用来发展。

1 号店最大的创新是商业模式的创新。

对于商业模式的创新，于刚给出了具体阐述：“1 号店的商业模式就是一种创新。我们以大品种、快消品方式切入。”1 号店的商业模式创新不仅体现在商品上，而且体现在服务上。1 号店在原来服务的基础上加入了医网、药网、信用卡还款、手机充值、银行转账、水电煤气缴费等服务项目。1 号店这样做的目的就是为了让顾客足不出户，享受一切商品和服务。

1 号店商业模式的创新在企业不断的发展过程中逐步完善，为了满足用户的多样化需求，1 号店推出了更多的商业模式，如掌上 1 号店、名品特卖、虚拟超市、1 号团、店中店、企业频道、企业内购平台等。这些商业模式的不断推出，满足了用户的多样化需求，不但让 1 号店实现了经济利益，还大大提升了 1 号店的品牌形象。

创新是企业的“生命线”。在于刚看来，移动互联网的出现是革命性的，因为它的信息传播迅速，有实时的大数据，更多依赖于科技的驱动，电子商务不仅是简单地把线下模式搬到线上，它是革命性的，催生了很多模式上的创新，包括运营的创新、营销的创新。

因此，电商从业者要想经营好企业，要想不断跟上发展的潮流，甚至是引领潮流，就要勇于做出创新。然而，创新不是句口号，而是电商的基石。企业需要这种机制，有创新平台，要在创新上的投资，才能成功创新。

创新启示

在移动互联网时代，电商从业者应该更加看重创新。这种创新不能仅仅体现在产品上的，也不能仅仅体现在服务上的，而是商业模式上的创新。为用户提供创新的销售平台，是每一个电商从业者应该做到的，也是电商增强自身竞争力的重要手段。

抢占先机，才有竞争优势

电商要想生存，就要抢占市场。

——摘自于刚谈 1 号店经营哲学

对于电商来说，只有抢占了先机，才能获得竞争优势。这种抢占先机的做法，在于刚的身上得到了完美体现。移动互联网时代的到来，使越来越多的电商开始布局移动互联网，1 号店也在这场布局中抢占先机，以获得更有利的竞争优势。

为了抢占先机，1 号店早在 2012 年就开始布局移动互联网，经过不到两年的时间，1 号店移动端用户数已达到 1 500 万。当微博、微信成为营销利器的时候，1 号店也抢先利用这两个平台进行营销。

当微博凸显出营销功能的时候，1 号店就抢先利用这个平台展开营销。用户只要在新浪微博中添加 1 号店应用，并把自己的微博账号与 1 号店账号绑定，在购买商品的时候就可以通过微博来查看最新物流信息。用户还可以通过新浪微博手机客户端查看和接收近三个月内的订单配送信息，以确保用户可以随时随地掌握订单状态。由于这种查看订单的方式比较方便，也比较快捷，所以受到了很多用户的喜欢。

微信在企业营销中也扮演着越来越重要的角色，于是 1 号店抢先利用这一营销利器展开营销。

用户通过微信“扫一扫”功能，就可以查看相关商品的售价，同时可以通过点击链接跳转到 1 号店的购物界面和流程，操作起来非常方便。1 号店还充分利用微信“搜一搜”功能，用户输入自己想要查询的商品名称，1 号店微信公众账号将会自动搜索推送相关商品，极大地方便了用户。为了让微信营销为用户带来更好的购物体验，1 号店账号还接入了微信支付，对接手机购物 App 掌上 1 号店。

为了提升品牌形象，1 号店还开展了“玩我画你猜，赢惊喜大奖”的微信营销活动，1 号店每天用微信推送一个图画给用户，用户猜中后在微信上回复就可能中奖。活动共有三个步骤。第一步是关注 1 号店官方微信；第二步是接收 1 号店每天一幅画作；第三步就是猜出答案发送给 1 号店。用户只要在第一时间将正确的答案发送给 1 号店就能获得礼品。这种营销方式起到了良好的效果，不但增加了用户量，还起到了宣传的效果。

微博、微信营销模式的出现，让企业和消费者有了直接对话的便捷平台，更让中小企业的品牌建设有了更大的可能。在这个相对公平的平台上，谁能抢占先机，谁就能获得竞争优势。

在移动互联网时代，电商市场竞争愈加激烈，行业市场不断被瓜分，市场份额不断缩小，在这种情况下，要想在竞争中占据优势，就必须要抢占先机。要做到抢占先机，电商企业从业者必须找准定位，努力探索新的“市场产品”，寻找企业新的市场“增长点”，争取做到抢占先机，唯有如此，企业才能立于不败之地。

创新启示

商场如战场，要想在战场上取得胜利，就必须比别人先行一步，抢占先机。企业经营者要有速度制胜的意识，在紧跟市场潮流的基础上，抢占最先进的营销平台。

够时尚才能吸引时尚人

什么都在变化，必须要创新，要快，要跟上甚至要引领潮流。

——摘自于刚在 2014 亚布力论坛上的讲话

企业运营只有够时尚，才能吸引用户。时代在发展，企业也要进步，要跟上潮流。于刚深知电商企业跟上潮流甚至引领潮流的重要性，所以 1 号店一直在时尚上发力。

随着移动互联网时代的到来，电商企业看到了更多的市场机会，众多电商商家开始推出手机客户端，1 号店也紧赶时代潮流，推出手机购物——掌上 1 号店。

掌上 1 号店依靠最先进的软件系统，把 PC 1 号店上的商品搬到移动终端，保证了用户轻松舒畅的购物体验。与很多电商移动商城不同的是，掌上 1 号店并不是简单地照搬 PC 1 号店，而是与手机特点充分结合起来，利用手机更便利、更简单的使用特点，重新打造的一款手机应用。用户只需动动手指，就能轻松实现购物，这种购物集清单记录、搜索、购买、下单、送货为一体，旨在为用户打造一站式的购物体验。

移动互联网时代的到来，智能手机的爆发式增长，让更多的年轻人喜欢利用手机客户端购物，同时由于现代社会工作压力大，很少有时间去购物，而手机终端的购物可以让用户在上下班的路上完成购物，保证了用户便捷舒畅的购物体验。为了让掌上1号店更加时尚，掌上1号店还配有条码扫描，用户只需扫描商品条形码，就能实现比价。掌上1号店还有“一键分享”功能，用户只要利用短信和微博进行分享，好友就能通过点击链接了解商品信息。

因为够时尚，所以掌上1号店仅仅推出一个月，就得到了用户的广泛好评。

此外，“微客服”和“微团购”也是1号店紧跟时尚的体现。

在微博成为时尚交流平台的时候，1号店和新浪微博结成战略合作伙伴，并开始开发基于新浪微博平台的应用。在此基础上推出了“微客服”和“微团购”。“微客服”允许用户将新浪微博的账号和1号店的账号绑定互通，通过这项功能，用户可以在新浪微博客户端了解1号店订单的最新状态信息，用户可以通过刷微博的方式来了解订单信息。“微团购”是1号店将团购频道搬到新浪微博平台，借助微博社区扩散来扩大1号店的品牌知名度和影响力。

这就是于刚的电商经营哲学，一切都要紧跟潮流，都要够时尚。时尚会给消费者带来吸引力，企业要紧跟时代的发展，用最前沿的理念武装自己的企业，打造企业运营模式。

正如于刚所说：“什么都在变化，必须要创新，要快，要跟上甚至要引领潮流。”当微博流行的时候，就要想到微博对于企业经营的作用；当微信流行的时候，就要想到微信对于企业经营的作用；当手机购物代表着电子商务最前沿技术的时候，就应当把企业经营与手机购物紧密结合在一起。这样做才能满足消费者对时尚的需求，吸引消费者购买。

创新启示

电商企业要足够时尚，才能吸引消费者。时代在进步，企业也要勇于做出改变，要紧跟时代潮流。

第三章 规模、速度、求新是电商决胜之道

电商需规模化生存

电商规模非常重要，在物流、技术、人才等方面投入都很大，只有达到一定的规模，才可以有规模效益。

——摘自于刚《腾讯科技》问答

究竟是先盈利，还是先实现规模化，不同的电商企业管理者有不同的看法，大多数的商家看重的是盈利，所以一直在盈利上下工夫。然而，在于刚看来，电商唯有实现规模化，才能生存，才能实现规模效益。

为了实现 1 号店的规模化，于刚制定了很多规模化生存的战略。

2013 年 4 月，当电商价格战的硝烟快要消散的时候，1 号店却没有停下价格战的步伐，1 号店与京东叫板，争夺卡位 3C 品类这一电商都非常看重的领域。对此，于刚有自己的想法："1 号店暂时不会盈利，因为 1 号店还有大量市场机会进行产品线扩张和地域扩张。"

1 号店的规模化发展战略，不仅体现在价格战方面，允许沃尔玛控股也是一种典型战略。

2008 年 7 月，于刚舍弃戴尔全球采购副总裁职位，创建了 1 号店。于刚希望 1 号店成为中国的"线上沃尔玛"。在 1 号店打造的过程中，于刚一直都想实现规模

化经营。不到两年时间，1 号店就完成了第一笔融资，从平安集团拿到 8 000 万元人民币的资金，这笔资金对于 1 号店的发展起到了重要作用。

2011 年 5 月，沃尔玛欲以五亿美元收购京东商城，因为与京东商城 CEO 刘强东因控股权上未达成共识，最终沃尔玛瞄准了 1 号店，沃尔玛以 6 500 万美元从平安手中购得股份，其在 1 号店中的股权比例达到 20%。有了沃尔玛这个国际大鳄，1 号店开始大幅调整战略方向，并借助沃尔玛开展资源扩张。

1 号店不仅把自己定位为网上超市，开始逐步引入 3C 等品类，以寻求平台化转型。为了实现规模化经营，1 号店还通过沃尔玛引进沃尔玛自有品牌及全球大量商品，沃尔玛很多全球供应商也成为了 1 号店全球供应商。这对 1 号店的规模化经营起到了很大的推动作用。

1 号店的这种规模化扩张使得 1 号店在发展过程中越来越壮大。规模化竞争是于刚对电商经营的独特理解，他也承认追逐赢利是商业本质，不赢利、不健康的企业会被慢慢淘汰掉。但是他仍旧强调 1 号店不会刻意追求赢利，而是会在规模化经营上下工夫。正如于刚在接受《腾讯科技》访问时所说："整个电商业态是个大浪淘沙的过程。早期大家不清楚，大量的资本进入，导致有很多小的商家。慢慢地随着发展、净化，只有那些健康发展，有很好的商务模式，有充足资金，非常关注顾客体验，有一定规模的电商企业才能生存下去。"就此我们可以看出，规模化对电商发展的重要作用。

移动互联网时代的到来，很多电商因为跟不上时代的步伐而纷纷倒闭，更多的电商开始利用规模化经营方式抵抗残酷的市场竞争，因为规模化可以增强企业抵御竞争风险的能力，同时也可以通过规模化实现效益。这也是于刚希望 1 号店实现规模化经营的原因。

创新启示

电商要实现规模化经营，急着赢利会削弱企业抵抗市场风险的能力。但是，这

并不是说电商不需要赢利，而是要在赢利与规模化经营之间寻找一个平衡点，让企业可以更好地实现规模化。

决策速度比决策质量重要

决策速度的重要性超出了决策质量的重要性，有时候太过于重视决策的重要性，往往会使企业失去良机。

——摘自“新浪财经面对面”于刚的讲话

在互联网时代，乃至移动互联网时代，电商企业要想获得较快的发展，就要以速度制胜，更多时候决策速度的重要性超出了决策质量的重要性。这是于刚的电商经营理论，事实也确实如此，电商企业要想生存、发展，就要依靠速度制胜。

因为互联网的信息传播速度非常快，如果一味地追求每次决策都要做对，不容有失，结果往往会失去良机。于刚在打造1号店的时候，非常注重快速决策。

为了形成快速的决策，于刚和刘峻岭永远都在一个办公室里商讨决策。这让形成决策的过程变得非常快，他们两个人在决策意见上有冲突的时候，他们就会迅速把决策团队叫进来一起商讨，加快了决策诞生的速度。

于刚依靠这种快速决策的方式使1号店取得了良好的经营效果。“每日一款”和“掌上1号店”就体现出了这种决策方式的正确性。

“每日一款”产品源于于刚看到了美国某电商每天推出一个深度折扣的商品，在看到这种经营模式后，于刚和搭档刘峻岭在上班的路上决定也要做这么一款产品，回到公司就马上召集相关部门开会，通过迅速开发、组货、设计市场推广，在当晚就上线了“每日一款”。速度之快，令人惊异。

"掌上1号店"也是速度决策下的产物。于刚在微博上看到了Tesco在韩国地铁站推出Virtual Store，受这个创意的启发，于刚决定迅速推出一款颇具创意的产品，仅仅用了三周的时间，掌上1号店的推广创意就被推出。

不管是"每日一款"，还是"掌上1号店"，在1号店发展的过程中都起着非常大的推动作用。这种快速决策的方式在于刚经营1号店的过程中十分常见，并且收到了良好的效果。于刚认为1号店追求的快是水到渠成的，1号店的快是建立在做正确事情的基础上，是建立在良好的顾客体验上，这是1号店决策速度快、发展快的根源所在。

快速决策建立在传统决策的基础之上，于刚认为传统的决策步骤是：收集原始数据——进行过滤和分析——确定决策目标和约束——建立决策优化模型并求解——用得到的结果支持决策。这种决策过程十分繁琐，需要长时间调查研究，无疑会降低决策的速度。在于刚看来，这种传统决策的方式对企业的发展是极为不利的。

于刚追求快速决策，是在用速度让1号店得到发展，这也充分说明速度对于电商发展的重要性，电商企业在应对纷繁复杂的市场变化时需要具备快速的反应能力。但是，是不是为了追求决策的速度，就要放弃决策的质量呢？当然不是，然而，如果没有了决策速度，或许在执行决策时发现机会已失，决策质量再高也没有了作用。

创新启示

电商企业在经营的过程中，不要希望一次就把事情做对，要快速做出决策，速度关乎电商企业的生死存亡。所以，电商企业在做决策的过程中，要做到时刻以速度取胜，并在经营的过程中不断调整自己的策略。

不革自己的命，别人就会革你的命

要敢于否定自己，你不革自己的命，别人就会革你的命。

——摘自于刚《创业十悟》演讲

企业要想发展，就要敢于抛弃过去。保存昨天就等于把组织里最有价值的资源和最优秀的人才，继续投注到毫无效果的事情上。抛弃昨天意味着要把投注到无效领域的资源释放出来。事实上，企业只有卸下昨天的包袱，才能更好地创造明天。

企业，特别是大企业，在经营的过程中都有这样的通病——潜意识中过于相信自己在市场中的影响和地位，对顾客的需求变化不够关注，由于自己在目前市场上投入了很多并建立了强大的优势，不愿意轻易为某种出现的具有革命性意义的产品或经营模式进行自我调整和改变。这种做法是非常不理智的，特别是在移动互联网时代，企业发展更需要求新求变。在于刚看来，企业要敢于否定自己，你不革自己的命，别人就会革你的命。于刚在经营1号店的时候，就充分把握求新求变，勇于否定自己。"无限1号店"就是这种革新思想下的产物。

无限1号店是虚拟超市，1号店通过这种模式树立了可持续发展的竞争优势。"虚拟超市"的创意最早起源于韩国连锁超市Home Plus（Tesco集团），这个集团创造虚拟超市的目的是为了让顾客在上下班的零散时间完成购物。于刚深受这种创意的启发，仅用了三周的时间就推出了无限1号店，在上海70多个地铁站和北京近500个公交站台都能看到无限1号店的踪影，顾客只需下载1号店手机客户端，并扫描二维码，就能利用手机购物。这种购物模式是种革新，让追逐时尚的人群争相体验这一购物方式。

在虚拟超市领域，1号店是第一个敢于吃螃蟹的人，这种革命方式的创新不但让1号店赢利，还大大提升了1号店的品牌形象。于刚求新求变的企业经营策略极大地推动了 1 号店的发展。

在移动互联网时代，企业变革是常态。企业只有认定主导变革是它的任务，才能存活下去。企业不能自我膨胀，认为自己一切都是最优秀的，根本不需要变革，否则就会丧失发展机遇。于刚的革命性经营理念，源于他对柯达的认识，曾经的于刚很想去柯达工作，因为当时的柯达如日中天，但是当数码改变这个行业的时候，柯达没有跟上行业的步伐，不敢革自己的命，结果被别人革了命。从中，于刚认为企业是否能够生存，是否能够得到长足的发展，关键在于是否敢于否定自己。

在移动互联网时代，不是将电子商务简单地从 PC 端搬到移动设备上，而是要经历革命性变革，是用移动商务革电子商务的命。在竞争日趋激烈的移动互联网时代，革命性的变革显得尤为重要，企业经营者，特别是电商企业经营者要时刻谨记：不革自己的命，别人就会革你的命。

创新启示

企业经营者要勇于革自己的命，要忘记自己的过去，重新定义自己的企业经营模式。企业只有做出革命性变革，才有可能取得竞争优势，不被时代淘汰。

10

第十篇

任正非：国际化是华为的终极目标

第一章
质量和服务是走出国门的根本

| 忽略质量是自杀，或杀人 |

为了降低成本，而忽略质量，那是自杀，或杀人。

——摘自任正非在市场三季度会议上的讲话

企业要想走出国门，最重要的是推出高质量的产品，高质量的产品对企业竞争具有非常重要的意义。面对竞争的时候，更多的企业会选择降低成本，然而，成本的降低往往会带来质量的降低。任正非非常不赞同降低成本的做法，在他看来，业界要进入成本竞争是必然，但是企业绝不能为了降低成本，而忽略质量，否则那是自杀，或杀人。

华为要走出国门，迈向世界，任正非认为产品质量具有决定性作用。任正非认为与国外大企业，如IBM、苹果公司等的销售额相比，华为还有很大的差距。差距就在于产品的稳定性不如国外大公司。一位华为客户曾经说过："我们也不希望你们天天过来，你们过来的次数越少说明你们的产品稳定性越好。如果你们产品的稳定性差，你们天天过来，我们也是不满意的。如果你们过来和我们交流、打打球，我们是欢迎的，但因为产品不过关，你们天天过来服务，我们是不欢迎的。"可见，想要让客户满意，产品必须具有良好的稳定性。只有产品性能稳定了，销售成本才能降低，才能像国外大企业那样赢得更多利润。

产品质量对于企业发展是非常重要的。在任正非看来，忽略质量，是自杀，也是杀人。

三鹿集团是河北一家有着50多年历史的乳品企业，它生产的婴幼儿奶粉价格相对低廉，是广大中低收入家庭的育婴首选产品。长期以来，三鹿集团不仅拥有稳定的消费市场，而且多次获得政府嘉奖，深受消费者好评。就是这么一家顶着无数光环的老牌企业，最终却因为缺乏社会责任感，从高高的领奖台上摔了下来。

原来，三鹿集团为了节约成本，在占领农村奶粉市场方面采取了低价倾销战略，选择了添加了大量廉价“大豆蛋白粉”的奶源，而这些所谓的“大豆蛋白粉”实为伪造蛋白质的化学原料三聚氰胺。三聚氰胺主要影响泌尿系统，可能导致泌尿系统结石，很多婴儿因食用了含有三聚氰胺的奶粉而得了结石。最终这一事情被大规模曝光。三鹿集团也逐渐走向了灭亡，面临被收购、重组的命运。

由此我们不难发现，企业生产的产品与人们的生活息息相关，产品质量存在问题有可能对人们的生活造成恶劣影响，甚至危及生命。质量是企业的生命线，事关质量的任何问题都不是小问题，都应该谨慎处理。

企业要想控制产品的质量，就要重视生产制造环节。任正非认为重视生产制造是公司产品达到技术先进、服务优秀、质量可靠的先决条件。他说：“目前，公司对于生产系统的管理还很不成熟。我认为，生产系统下一阶段最重要的工作就是全员不断苦练基本功。可以把那些插件能手放在一条生产线上，按照他们的水平制定生产定额，从而给其他人树立榜样。但切不可一提‘比武’就是比速度，同时不要忽略质量，要遵守规章。”

从国际角度来看，德国企业强调质量过硬，在机械化时代，德国制造曾经风靡一时；日本企业强调精致，成为电子时代的技术标杆。两国的优秀企业在国际上具有很强的竞争优势，很大程度上归功于其对生产制造环节的重视。

创新启示

很多企业在激烈的市场竞争面前选择了压缩生产成本，但如果因此导致产品质

量下降，必然会使公司信誉受到消费者质疑，甚至有可能造成难以挽回的后果。因此，企业应当严把质量关，不把降低产品质量作为企业的唯一目标，实现企业的良性健康发展。

客户是华为之魂

华为生存下来的理由是为了客户。我们说客户是华为之魂，而不是一两个高层领导。建立客户价值观，就是围绕着客户转，企业会变得流程化、制度化，所以，我们要推广普遍的客户关系。

——摘自任正非《胜利就是活下来》

企业的战略制定应该来自顾客的需求，只有以顾客的需要为导向，以占领市场为导向，不断地创新，企业才能更好地生存和发展。德鲁克说："企业不是要去改造顾客，而是要满足顾客。缺乏市场意识是大多数新企业的通病，在企业的初创阶段，这是最严重的问题，有时甚至会永久地阻碍那些幸存下来的新企业的发展。"

正如人们常说的"不是让环境来适应你，而是你要去适应环境"，企业的产品和服务是由顾客决定的，而不是企业本身。企业不要试图去改造顾客，而要去适应顾客、满足顾客。

任正非说："华为生存下来的理由是为了客户。"为什么要这么重视客户？对此任正非有自己的理解："坚持与客户进行交流，听一听客户的心声，我们就能了解客户的想法。我们今天的进步，就是客户教我们的。不断地与客户沟通，就是让客户不断帮助我们进步。"正是因为客户感受有如此重要的意义，所以任正非一直强调要注重客户感受。

2000年春节，黑龙江省的一个本地网交换机中断，由于网上运行着多种机型，不知道问题出在哪个厂家的设备上。华为的技术人员在一天内从深圳赶到黑龙江，经过检测，技术人员发现问题不在华为。出现问题的厂商迟迟没有回应，于是华为将自己的接入网改接到另一路由，使问题得到了解决，这让用户非常感激。《华为基本法》第二十五条规定：“华为向顾客提供产品的终生服务承诺。我们要建立完善的服务网络，向顾客提供专业化和标准化的服务。顾客的利益所在，就是我们生存与发展的最根本的利益所在。我们要以服务来定队伍建设的宗旨，以顾客满意度作为衡量一切工作的准绳。”

如今，华为公司已成立中东、北非地区技术服务培训中心，为埃及及其周边国家培养了大量电信专业人才，并提供了有力的技术支持，实现了为该地区客户长期服务的承诺。如今，华为的客户代表处已遍布亚、非、欧、美等地区，较为完善的服务体系是其供应链条正常运转的保障。

由此可以看出，重视客户也是华为走向国际化的重要策略。顾客永远没有错，不要在产品卖不出去的时候找借口，也不要在不能满足顾客需求时试图改变顾客，让其接受你的产品。企业要不断改善产品和服务给顾客带来的感受。如果管理者意识不到顾客更需要什么样的产品和服务，企业的可持续发展就很危险了。

适应顾客需求，一般来说有两种情况。第一种情况是消极被动适应。就是简单地追随市场需求，紧盯顾客的眼前需求，走在顾客的后面，亦步亦趋。此种方式不能适应顾客多变的需求。第二种情况就是积极主动适应，它主张在市场调研的基础上，把握顾客需求的现状及其变化趋势，走在顾客的前面，主动引导顾客。只有这样才能真正适应顾客的需求。

创新启示

以顾客需求为导向是市场营销的永恒主题。尤其对于刚刚走入市场却又面临知识经济时代挑战的企业来说，唯一的出路就是彻底转变思想，努力适应顾客的需求。

以客户价值观为导向

我们必须以客户的价值观为导向，以客户满意度为标准，公司的一切行为都是以客户的满意程度作为评价依据。

——摘自任正非《华为的红旗到底能打多久》

任正非认为，企业要想提高竞争力，走出国门，就需要让客户满意，而要想让客户满意，就要做到以客户价值观为导向。任正非曾经教导华为人，从企业活下去的根本来看，企业需要有利润，但利润只能从客户那里来。既然决定华为生死存亡的是客户，为华为提供生存价值的是客户，华为就必须为客户服务。所以，华为需要聚焦客户的需求，提供有竞争力的通信解决方案及服务。

优质的产品是品牌建立的先决条件，例如，在体育用品市场上，耐克、阿迪达斯等国际品牌在中国市场上的市场占有率远远高于国内体育用品品牌，这些品牌之所以能在客户中拥有良好的口碑，很大程度上是因为它们质量过硬。华为在创立初期，由于技术不太过关等原因，导致一些产品的质量不是非常稳定，经常要派技术人员前去"救火"，这样既造成用户的抱怨，导致用户对华为品牌的负面评价，又浪费了大量人力、物力和财力。因此，任正非非常重视客户的利益，把产品的质量看作公司的生命。正如他在《华为的红旗到底能打多久》中所说。

我们认为，客户的利益就是我们的利益。我们从产品设计开始，就考虑到将来产品的演进。别的公司追求产品的性价比，我们追求产品的终生效能费用比。为了达到这个目标，我们宁可在产品研制阶段多增加一些投入。只有帮助客户实现他的利益，在利益链条上才有我们的位置。

企业在运营的时候，不管是做产品，还是做服务，一定要做到以客户价值观为依归，以客户满意度为标准。要想做到这一点，企业就要彻底了解顾客需求。通过了解客户需求，增强客户对公司商品的信任度，克罗格公司安然渡过了一系列困境。

霍尔将公司更名为克罗格公司，并引进了45种公司专卖商标，以加深顾客对公司商品的印象。顾客调查活动是霍尔亲自主持的一项重大改革措施，霍尔认为："对公司发展什么商品、增加哪些服务、使用什么销售手段等问题最有发言权的是顾客。"

为此，他在所有收款机旁安装了顾客投票箱。顾客可以把自己对克罗格公司的意见和建议投入箱中，如需要哪种商品、哪种商品应如何改进、需要什么专项服务等。顾客可以留下自己的姓名和联系方式，一旦他的建议被采纳，他就可以终生免费在克罗格公司享受该种服务或购买该种商品，还可以获得公司赠送的优惠折扣消费卡，在购买任何商品时都享受减价优待。

"投票箱"深受顾客欢迎，提建议者络绎不绝。克罗格公司也及时根据顾客的建议不断改进，使公司每一项新出台的措施、每一种新上市的商品都能够满足客户的需求。公司的经营状况蒸蒸日上，业务范围扩大到得克萨斯、明尼苏达和加利福尼亚等州。1952年，其销售额突破10亿美元大关。

把握市场需要，不断推陈出新，是企业竞争赢得胜利的关键所在。尤其对那些只经营单一产品的企业而言，不断推出满足目标顾客需求、具有吸引力的新产品，才能够使企业在同行业中处于领先地位。克罗格公司之所以能够赢得顾客的长久信赖，获得持续成功，关键就在于与顾客的零距离接触。只有与顾客充分沟通，才能更好地了解顾客，满足顾客的需求，这就是克罗格公司成功的原因所在。

创新启示

在充满竞争的市场环境下，客户对产品和服务的要求越来越挑剔。客户不仅希望产品好，还希望服务出色。所以，企业在运营的时候一切都要以客户的价值观为导向，以客户满意度为标准。

第二章 成长速度合理方可促进企业发展

成长速度不合理企业会死亡

没有合理的成长速度，就没有足够的利润来支撑企业的发展。一个时代一个模式，过去的时代未必会重演。热血沸腾能做什么事？静下心来踏踏实实做事才有收获。

——摘自任正非《华为的红旗到底能打多久》

在企业界长期存在着一种企业经营的悖论，认为企业的成功就是要以最快的速度把规模做大。因此许多经营者进入了一种思想误区，觉得企业如果不能一直向前进，那就不算成功。然而，最近几年，国内外的企业并购和投资热潮证明，许多企业一并就死，一投就伤。

在任正非看来，扩张必须充分考虑公司的供应链系统，包括售后服务、制造体系等。供应链系统是一个整体，任何一个环节出错，都会给企业带来灾难。所以，在各方面体系还不够完善的情况下盲目扩张无异于自杀。过快的发展速度，会给企业带来很多的不确定因素，会使企业处在不稳定的局面。

因为发展太快就一定有漏洞、有后遗症，而这个问题并不是靠经营者的能力可以完全解决的。那些迅速崛起又迅速倒闭的企业都是因为发展得过快。因盲目扩张而倒闭破产的企业不胜枚举，如德隆集团、亚细亚、安然。

德隆曾是一个拥有270亿元资产，旗下拥有超过200家企业的大集团，他参与了十几个产业的经营，横跨一、二、三产业，从农产品加工到金融、证券、飞机厂，走上了一条风险极高的扩张之路。此外，亚细亚和安然公司都是由于盲目扩张最终走向破产的。

所以，对于企业来讲，生存和发展同样重要，扩张和稳定需要平衡。经营者的责任就是要巧妙地把握住这两种力量之间的动态平衡，促使企业在扩张的过程中保持稳定，在稳定的基础上逐渐扩张。

质量好的车才能开得快。一辆高质量的汽车不仅体现在发动机系统上，还体现在刹车系统上。驾驶者驾驶高质量的汽车的时候可以很放心地提高速度，因为良好的刹车系统让驾驶者没有翻车的后顾之忧。但当驾驶者开刹车性能一般甚至相对较差的汽车时，一定不会开得太快，因为一旦车速过快则很难刹车，容易造成危险。因此，没有把握停下来的人是跑不快的人。

物壮则老，大器晚成。要想企业得到长久发展，企业经营者们一定要明白这个道理。企业生存和发展的目标可以归结为相互关联又不能等同的三个词，即“做大”“做强”和“做久”。但绝大多数的经营者只有做大做强的雄心，却没有做久的胸怀和格局。

从这个角度看，任何一家企业都需要有长久发展的策略。国内外所有百年企业的发展趋势表明，这些企业之所以能够超越固有的企业寿命周期，是因为在长达百年的历史中它们一直处于相对稳定的成长期和成熟期，因而能够保证企业持续生存和发展。

创新启示

有人曾经将竞争比做老虎，企业在发展的过程中，如果停下来，就会被老虎吃掉，但是若马不停蹄地赶路，则可能会因为精疲力竭而倒下。因此，企业管理者必须平衡好这两者之间的关系，控制好企业发展的速度，既要防止太慢被“老虎”吃掉，又要防止奔跑太快而摔倒。

让听得见炮声的人来决策

谁来呼唤炮火，应该让听得见炮声的人来决策。

——摘自任正非《让听得见炮声的人来决策》

关于企业内由谁来做决策的问题，不同的企业管理者有不同的观点，大部分企业管理者认为应该让各部门领导做决策。但是，任正非却不这样认为，他认为应该让真正“听得见炮火”的人（指一线营销人员）去做决策。

为了实践这一理念，任正非对华为进行了组织结构调整，任正非说：“我们现在的情况是，前方的作战部队，只有不到 1/3 的时间是用在找目标、找机会以及将机会转化为结果上，而大量的时间用在了频繁地与后方的沟通协调上。而且后方应解决的问题让前方来协调，拖了作战部队的后腿……”

任正非敢于重用刚出校门的学生，因为他们单纯执着、充满激情、不怕吃苦，并真诚地相信华为的产品是最好的。在华为的销售人员当中，刚出校门的学生往往比销售经验丰富的人做得更成功。任正非的这一做法“保证一线的人永远充满激情和活力！”他对一线人员的期望如此之高，源于华为客户关系至上的理念。如今华为与各地客户从高层到执行层密不可分的关系网络，就是这样一步步用心编织起来的。

任正非这么注重一线人员，就是为了聚集更多的可以听得见炮声的人，让这些人可以在第一时间做出决策，以免因为组织复杂而导致决策变慢，效率降低。企业如果组织复杂，第一线的人就难以在第一时间做出决策，这对企业的发展是相当不利的。

在一架由纽约飞往洛杉矶的飞机上，客舱里的一块镶板松动了。镶板尖锐的突起划破了一位乘客的袜子，他把这件事情告诉空中小姐。空中小姐手边没有工具，无法马上修理，于是她把这件事情记录下来，等到达目的地时再向联络办公室的人报告。可是联络办公室里除了一部电话和一套对讲系统以外，也没有工具。这时，空中小姐已经把问题反映上去了，在她看来，自己的工作已经算是完成了。当天下午，报告被送至“相关”部门。半小时之后，该部门又将报告放在技术部一名办事员的桌上。这名技术员不确定自己能否修复，但他并不担心，因为飞机此刻正翱翔在杜百克市（艾奥瓦州东部的一个城市，位于洛杉矶至纽约的航线中途）上方约31 000英尺的高空中。于是，他在一本皱巴巴的记录单上潦草地记上一笔：“在可能的情况下进行修复。”可以肯定的是，他一定会修好那个突起，不过是在刮破另外10名乘客的袜子之后。

企业越大，组织机构就越复杂，问题向上反映需要经过的层级就越多，当领导者做出决策后，往往已经耽误了解决问题的最佳时间。一线员工通常更加了解问题所在，因为他们是真正在执行的人。企业要想确保执行效率，在第一时间解决问题，不妨多给一线人员做决策的权力，让真正接触“炮火”的人来解决问题。

创新启示

企业管理者要勇于授权，不能让决策复杂化，简单快捷的决策对于企业的发展具有非常大的推动作用。要想决策简单快捷，企业管理者就要多给予一线人员做决策的权力。

第三章
向世界上第一流的公司看齐

| 企业应该培养国际化的视野 |

在下一步的发展中，我们已制定了第二次创业规划，我们将在科研上瞄准世界上第一流的公司，用十年的时间实现与国际接轨。

——摘自《任正非：加强合作，走向世界》

很多企业家存在这样的疑问：中国有很大的内需市场，中国市场就是全球最大的市场，我们为什么还非要走出去？光把内需市场做好行不行？

这种想法是片面的。一方面，企业应该先注重国内市场，中国市场这么大，如果这个市场都做不好，走向海外将无从谈起；另一方面，国际化是一种趋势，不是说企业想不想走出去，而是必须要走出去，你不走出去，别人会走进来跟你竞争。

在任正非看来，跨出国门是企业面对危机时的必然要求。他说："我们不能等到没有问题才去进攻。我们要在海外市场的搏击中，熟悉市场，赢得市场，培养并造就干部队伍。我们现在还十分危险，完全不具备这种能力。若三至五年内建立不起国际化的队伍，那么中国市场一旦饱和，我们将坐以待毙。"任正非雄才大略，目光深远，他不是一个政治家，却有着一个政治家的敏锐眼光、谋略与胆识，正是他能够在市场经济的大浪淘沙中勇立潮头的重要原因之一。

在他的带领下，华为在通信市场上攻城拔寨，研发出一项又一项新的产品和技术，从"国际电信大鳄"口中抢单，结网式地搜夺人才，使员工具有攻击性、忧患意识和团队精神。

国际市场上的良田沃土，早已被西方公司抢占先机，只有在那些偏远、自然环境恶劣的地区，华为才有一线机会。为了抓住这稀有的机会，无数优秀华为儿女离别故土和亲人，奔赴海外。无论是在疾病肆虐的非洲，硝烟未散的伊拉克，海啸灾后的印度尼西亚，还是在地震后的阿尔及利亚，到处都可以看到华为人奋斗的身影。

20世纪90年代，与中国人民大学的教授一起拟订《华为基本法》时，任正非就提出要把华为做成一个国际化的公司。事实证明了任正非战略家的眼光，在走出去战略的执行过程中，华为除了采取价格、技术、市场等常规方法，还坚持把紧跟国家的外交路线作为华为的销售路线。任正非明确表示：“中国的外交路线是成功的，在世界赢得了更多的朋友……华为的跨国营销是跟着我国外交路线走的，相信也能成功。”

国际化对于任何一个企业来讲都是一个痛苦的过程。二十世纪七八十年代，日本企业刚进入美国市场的时候，因为对自己的定位不明确，对对方的市场认识不清楚，也经历过一个痛苦的过程。我们大部分企业，尤其是民营中小企业，对国外的市场不了解，对国外做事的方式不了解，但最根本的是还没有完全商业化，这些都有可能让我们的国际化之路走得很坎坷。但这些问题通过不断加深了解、不断进行战略调整都可以克服，而一旦克服了这些困难，企业势必会得到更好的发展。

另外，国内企业在国际化过程中并非毫无优势可言。

首先，金融危机以来发达国家的市场和企业遭受了重创，这对中国企业来说是一次机会。从资金实力看，现在中国国有企业资金雄厚，他们在国外搞兼并收购，国家无论从资金上、政策上都会给予支持，这是中国企业目前的优势。

其次，中国拥有非常大的市场，以前我们“走出去”或者要寻求国外合作的时候，对方不一定有兴趣，但是现在如果我们把国内外市场统筹起来看，中国企业的介入和合作，就变得非常有吸引力。

创新启示

国内的企业领导者应该有这样的眼光：走出去是必然，不能满足于小小的成就，而应该有更大的野心和追求。在不断进取中，企业才能得到长足的发展。

竞争中要坚持“深淘滩，低作堰”

李冰留下“深淘滩，低作堰”的治堰准则，是都江堰长盛不衰的“诀窍”。其中蕴含的智慧和道理，远远超出了治水本身。华为公司若想长存，就要学习这些准则。

——摘自任正非《华为的冬天》

2009 年，金融危机给华为带来了前所未有的压力。任正非开始反思华为过去与竞争对手之间的关系，他希望将以前的恶性竞争转变为良性竞争，打造价值链的优势，降低成本。过去，华为依靠不惜成本、不计代价的方式运作，结果导致其利润率越来越低。要想提高利润率，首先要提高企业内部的效率。

正是基于这样的考虑，任正非在华为公司的一次内部讲话中，提出了一个很有意思的理念，叫作“深淘滩，低作堰”。深淘滩就是多挖掘一些内部潜力，确保增强核心竞争力的投入，确保对未来的投入，即使在金融危机时期也不动摇；低作堰就是不要因短期目标而牺牲长期目标，多一些输出，多为客户创造长期价值。“深淘滩，低作堰”是对华为商业模式的一种概括。

然而，高科技企业“高投入，高回报”的传统商业模式，早已深入人心。

科技企业持续在研发上“高投入”，就形成了一定的成本优势，于是收到了“高回报”。有些巨无霸一旦形成垄断，就千方百计地制造壁垒，压制创新技术的应用。任正非不认同这样的做法。前些年中国电信 CDMA 网络工程招标，朗讯、阿尔卡特、北电等巨头纷纷投出了70亿至140亿元的标，华为却只报了不到7亿元的超低价。一时间华为“裸奔”“不正当竞争”等评论铺天盖地，任正非则表现得很淡然。他认为这既是华为成本优势低的集中体现，又是华为一贯经营战略的具体体现。华为历来秉持的是“低作堰”，与运营商形成共生的关系，用低价减轻运营商的成本压力，让利给运营商，赢得其长期信任与合作，最终定能取得合理回报。

“深淘滩，低作堰”也是对华为内部运营模式的一种概括。从一线摸爬滚打出来的任正非最重视一线的“深淘滩”。当公司一个个业务人员都具备了很强的突破能力，都能做到精进、极致时，公司的竞争力就显得特别强大。要形成这样的局面，最为重要的是让所有层级的高管，都戒掉颐指气使的工作方式，真正成为一线的“服务生”。这样才会形成上下合一的氛围。任正非作为华为的创始人，从来不缺乏贴近一线的激情和对一线的敬重。他习惯于把意识化为具体行动，不断缩小自己的持股比例，扩大华为股东群体，不断把公司利润转移为员工的福利，以至于华为的高工资成为中国企业界的一道独特风景。

“深淘滩，低作堰”，还是对华为学习型组织的一种概括。任正非是一个学习能力很强的人，能够随时清空那些既定的经验和做法，学习新的理想和动作方式。任正非清醒地认识到，华为正处于摒弃以前助推华为成功的经验、做法、体制、流程等既定东西的转折点。华为只有“低作堰”，不断清除公司沉积下的淤泥，才能让华为保持活力，才能不断引进外部新的东西。他号召广大华为人不断学习，勇于创新，正是这一精神的具体体现。

创新启示

资源整合的目的是为了通过组织制度安排和管理运作协调等来增强企业的竞争优势，实现企业资源的最大化利用，从而提高客户服务水平，使企业赢利。深入挖掘企业的利润率，不断进行资源整合是一条重要的途径。

靠“本地化战略”制胜

在海外拓展过程中，华为要实施本地化战略，始终把企业的社会责任放在重要位置，以期通过华为的努力推动当地发展，最终实现双赢。

——摘自任正非《北国之春》

企业国际化的竞争是非常激烈的，要想在国际化竞争中获得胜利，就要积极开展本地化战略，在推动自我发展的基础上，还要推动当地的发展，唯有如此，企业的国际化道路才能更加顺畅。

华为一直依靠这种思维来走国际化道路。2007 年，华为共收入 125.6 亿美元，在全球电信设备经销商中位列第五。早在 1994 年，当华为自主开发的数字程控交换机刚刚取得一定的市场地位时，任正非就预感到未来中国市场竞争的激烈和华为参与国际市场的重要意义。

华为首先瞄准的是中国香港市场。1996 年，华为与长江实业旗下的和记电信合作，提供以窄带交换机为核心产品的“商业网”产品，与国际同类产品相比，除价格优势外，它可以比较灵活地提供新的电信业务生成环境，从而帮助和记电信在与香港电信的竞争中取得差异化优势。在这次合作中华为获得不少经验，和记电信在产品质量、服务等方面近乎苛刻的要求，也促使华为的产品和服务更加接近国际标准。

随后，华为开始考虑发展中国家的市场开拓，重点是市场规模相对较大的俄罗斯和南美地区。以俄罗斯为例，1997 年 4 月，华为在当地建立了合资公司（贝托 - 华为，由俄罗斯贝托康采恩、俄罗斯电信公司和华为三家公司合资成立），以本地化模式开拓市场。2001 年，该公司在俄罗斯市场的销售额超过 1 亿美元。

2000 年之后，华为开始在其他地区全面拓展，包括泰国、新加坡、马来西亚等东南亚市场以及中东、非洲等区域市场。特别是在华人比较集中的泰国市场，华为连续获得较大的移动智能网订单。此外，华为在相对比较发达的地区，如沙特、南非等市场也取得了良好的销售业绩。

此后，华为开始在觊觎已久的发达国家市场上有所动作。在西欧市场，从2001年开始，华为以10G SDH光网络产品进入德国为起点，通过与当地著名代理商合作，华为产品成功地进入德国、法国、西班牙、英国等国家。2004年，华为与西门子成立合资企业，又成功打入荷兰、澳大利亚等国家的市场。

对于企业的国际化来说，"走出去"远远不能涵盖中国企业国际化的全部内容，这就好比"出门"与"做客"，情况是不同的。"走出去"只是第一步，真正"走进"别人家成为主人接受的"客人"，甚至成为别人家的"主人"，则是一个更大的考验。

真正成熟、务实的国际化，应该是在"知己"的同时，也要"知彼"。只有看到了自己的优势对于国外市场的挑战，我们才知道该如何在尊重、适应当地人的思维与价值观的前提下，冲破重重阻碍，真正占领广阔的海外市场。

创新启示

企业要走出国门，走本地化道路，通过自身的发展来努力推动当地发展，这种本地化策略和双赢的国际化战略能够不断推动企业的发展，最终使企业在国外市场站稳脚跟，发展壮大。

11

第十一篇

陈天桥：企业经营必须全身心投入

第一章 竞争要不战而屈人之兵

| 用户需要什么就来满足什么 |

用户需要什么就来满足什么的能力，是盛大用来抗衡竞争对手的重要方式。

——摘自陈天桥谈盛大的前景

“满足用户需求”是任何一位产品经理都应该遵守的重要信条，特别是在打造互联网产品时，应该把用户需求深刻地融入到策划方案中去，时刻提醒美术设计人员，产品要的不是最炫的效果，而是要满足用户的需求，打造出让用户满意的产品。

“用户需要什么就来满足什么”是陈天桥一直奉行的产品打造理念，也是他奉行的企业经营理念。在企业经营的各个阶段，陈天桥始终把“用户需求”放在首位。

2005 年底，正当别的网游还在收费的时候，盛大高调表示，其所运营的《热血传奇》《梦幻国度》以及《传奇世界》将永久免费。消息一出，公司内外一片哗然：这似乎昭示着盛大游戏的辉煌走到了尽头。为安抚员工，陈天桥亲自撰写电子邮件，称免费模式的推出尽管会对盛大的服务质量和公司收入带来压力，但是如果盛大不能适时地调整，就不会有未来五年的持续发展。他还告诉员工，自己最尊敬的企业正是以“我们越是为用户省钱，我们就越赚钱”为理念的沃尔玛。

陈天桥的眼光更为长远，免费是用户的需求，也是吸引用户的方式，用户都依附于盛大了，企业赢利还会远吗？这是陈天桥的产品打造策略，也是他思考深远的企业竞争思维。

陈天桥的这一理念不仅体现在免费这一方面，为了把这一理念渗透到企业中去，盛大还在2010年开展了程序达人竞赛，并且创造性地设立了“用户需求榜”，用户可以在大赛官网讨论专区提需求、给创意。只要用户发布的需求具有可实现性，就有机会进入大赛“用户需求榜”中，被纳入开发计划，并且有机会获奖。本次大赛设立“用户需求榜”，就是陈天桥从不断贴合用户需求的角度出发来打造产品的体现。

为了在激烈的互联网竞争中取胜，陈天桥最喜欢做的就是根据用户的需求推出产品。在“盛大游戏2011Allstar年度新品发布盛典”上，盛大游戏一口气发布了九大网游新品，这九大网游涵盖客户端游戏、社交游戏与手机游戏等各个领域，可以满足用户日益细分的需求。这些产品的推出，无疑增强了盛大的竞争力，盛大在游戏市场上的领导地位再次体现出来。

随着时代的发展，用户对游戏的需求不仅满足于线上，他们更渴望到实体店去亲身体验。如果公司能满足用户的这种需求，无疑对增强企业的竞争力大有好处。在2012年4月，盛大游戏全球首家“游戏体验店”举行了揭幕仪式。该体验店里拥有盛大游戏旗下经典游戏品牌——传奇系列，玩家不仅可以在体验店现场体验传奇系列游戏，同时也可以看到游戏中的经典道具。盛大如此做，就是为了通过创新渠道提升用户体验，通过体验店的形式，为用户带来新的互动游戏体验。

盛大每走一步，都建立在满足用户需求的基础上，就像陈天桥所说：“用户需要什么就来满足什么”。在此基础上推出的产品必然能够得到用户的欢迎和市场的认可，也使得盛大在激烈的游戏市场竞争中不断获胜。

创新启示

在企业之间的竞争中，起决定作用的不是企业本身，而是用户，用户的多少直接关系着企业的成败。要赢得用户就要打造让用户满意的产品，良好的产品体验对用户有非常大的吸引力。有了充足的用户，企业就能在竞争中占得优势。

产品质量和企业运营是制胜的关键

我想应该用两个标准去衡量它，一个就是产品本身的质量，另外一个就是运营水平的质量。

——陈天桥评价《天堂 2》和《魔兽世界》时如是说

竞争要不战而屈人之兵，最重要的是拿出高质量的产品，然而，仅仅注重产品质量是不行的，关键还要搭配出色的企业运营。陈天桥十分注重产品的质量和企业运营方式，并且提出将两者结合起来才是企业在竞争制胜的关键。

保证产品和服务的质量才能使企业收获最好的回报，全世界没一个质量差、光靠价格便宜的产品能够长久地存活下来，质量对营销的影响力是十分重要的。陈天桥明白在竞争日趋激烈的游戏市场，对质量负责就是对用户负责；对用户负责就是对企业负责。在这种理念下，盛大不断推出高质量的游戏产品，如《天堂 2》《魔兽世界》《征途》《传奇》等。

盛大推出了很多高质量的产品，但是仅凭产品就想在竞争中取胜，是非常困难的，要想在众多竞争对手中脱颖而出，企业还要做好运营。陈天桥在企业运营上很有一套，他曾表示："盛大不仅仅要做网络游戏，而是要走多元化的道路。经过多年的市场培育，中国网游市场已经进入了细分的多元化市场，角色扮演类、休闲游戏类、即时战略类、模拟经营类等不同形式的游戏如雨后春笋般茁壮成长起来。企业要想在竞争中立于不败之地就要在多元化中追求多变，在多变中寻求自身的突变。这个突变，就是要走多元化合作发展路线。

领航中国网游多年的陈天桥深谙此道，在他眼里，游戏来源于文学。如果把这个产业链做好，就能夯实盛大自身的游戏基础实力。基于此，陈天桥在 2008 年 7 月正式成立了盛大文学公司。由此，盛大游戏、盛大在线和盛大文学三部分组成的多元化盛大逐渐形成，“企业集团化，事业部企业化，项目部创业化”的企业新战略逐渐显现成效。

陈天桥是一个精明的人，他总能想到别人还未想到的地方。这种多元化的发展让盛大注重以攻为守，当他的攻击四面开花时，防御更细节化，让对手感觉无从下手。

在多元化发展的同时，陈天桥始终专注于原创网络游戏的研发及客户的感受。“满足用户的需求”一直都是盛大的服务标准。在扶持原创网游的过程中，用户的新需求不断被挖掘出来，由此，盛大不断推出新的游戏内容和服务，其自身的竞争力得到迅速加强。

陈天桥为人谨慎，精于计算，喜欢全局的控制感。他既注重全局的平衡，又能缜密计算每个细节。网络游戏从来都不是陈天桥的终极目标，他希望能打造出一个跨媒体、跨终端的超级互动娱乐平台。在这个平台上，用户不仅可以在电脑和手机上体验盛大的游戏，甚至在电视上也能享受盛大提供的各种产品与服务。陈天桥以网络游戏起家，他比任何人都要了解网游产业的短处，做大平台是他防御攻击的最强武器。

盛大在注重产品质量的同时，也十分注重企业运营。在产品质量打前阵、企业运营做后盾的模式下，盛大很少在竞争中吃亏，游戏老大的位置非常稳固。

创新启示

企业要想在竞争中不落败，关键是要拿出高质量的产品，为用户提供优质的产品。但是，并不是有了高质量的产品就能制胜，运营也起着非常重要的作用，出色的运营可以增强企业的竞争力。

竞争是存在的，百花齐放是主流

我们应当看到，竞争是存在的，甚至恶性竞争也是存在的，但“百花齐放”才是整个网游产业的主流。

——摘自陈天桥 China JOY 论坛讲话

中国网络游戏行业发展到今天，已经经历了三代，第一代以盛大、九城为代表，多以代理韩国、欧美网游起家；第二代以网易、金山、完美时空、巨人为代表，多从互联网、软件转型，注重自主研发，同时兼做代理。第三代则主要是由从网易、盛大、九城、金山等公司辞职出来的员工创办，这些人有着运营网络游戏的丰富经验。

几乎所有有实力的中国网游企业都完成了上市，网易、腾讯、盛大、九城、金山、巨人、网龙、完美时空都已先后在我国香港联交所、美国纽交所和纳斯达克等地上市，而这些上市公司都只是第一代和第二代网络游戏公司，第三代网络游戏公司则多是蓄势待发。早期随便代理一款产品平稳运营就能赚钱的时代已经结束了，现在是真实能力的比拼，“网游产业已经走过了‘产能’阶段，以往各厂商只要引进产品、能研发出品质过得去的产品，就能获得成功。”巨人网络的董事长史玉柱说：“自 2006 年以来，网游产业已进入‘市场导向’为主要特征的新阶段，这个阶段市场增长依然迅猛，市场开始细分，特别是充分满足用户需求，成为厂商比拼的重点。”

面对竞争，陈天桥的心态是领袖心态。他认为，网游企业之间的竞争虽然激烈，但是百花齐放才是主流。

我们看到，每年还有很多新的网游企业在不断成长。这样百花齐放的景象是何等令人高兴；而一旦企业多了，我们就认为这是竞争，这又是何等令人悲伤。我们应当看到，竞争是存在的，甚至恶性竞争也是存在的，但“百花齐放”才是整个网游产业的主流。

面对竞争，陈天桥的法宝是创新。2007 年，他曾提出了“三大计划”，为盛大网罗人才、促进创新提供了有力措施。陈天桥认为，英雄并不一定存在于所谓的大企业中，英雄更多地存在于创意者、创作者之中。所以，盛大支持更多原创的团队和原创的内容。2008 年，盛大为了进一步开放合作，进行了组织架构上的调整，不但把自己的平台资源提供给行业，同时把这些资源提供给盛大的竞争对手。陈天桥说：“开放才是产业可持续发展的前提，盛大一直把这种开放合作以及建设一个持续健康发展的产业链、生态环境，作为我们重要的使命。”

网游行业的竞争是非常激烈的，这种激烈甚至可以用惨烈来形容，对此史玉柱也颇有感触。他表示，网游是他见过的竞争最激烈的行业，相比之下银行业要“和气”很多。网游行业未来的竞争将越来越激烈，竞争带来的结果是国内企业研发水平极速提升，未来主流市场将被国产游戏和少数国际大制作公司的游戏占领。在市场格局方面，未来仍将是几家大企业争霸的局面，小企业已很难创造奇迹，行业门槛越来越高。竞争虽然很惨烈，但是网游企业要以开放的心态来对待，就像陈天桥所说“百花齐放才是网游竞争的主流”。

创新启示

市场经济下，竞争永远都不会消失，只会愈演愈烈。然而，竞争不是你死我活，更不能恶意竞争，让更多的同行参与到竞争中来，以开放的心态迎接竞争的到来，才能逐步壮大自我，取得最终的胜利。

第二章
没有眼光发展就是空谈

| 企业战略要不断突破 |

如果企业发展的战略是正确的，战术上又不会遇到任何问题，那么还要企业做什么！我们所要做的只是希望努力得到社会的认可。

——摘自陈天桥答《IT 时代周刊》记者问

陈天桥认为企业发展战略要不断完善，不断实现突破，他在回答《IT 时代周刊》记者提问时说："我们把发展网游产业中 60% 的精力用于寻求社会的认同。我们一直在努力找寻一条能将游戏的娱乐性和教育性结合在一起的道路，事实证明这样很难，但我们仍在努力做。"

有人说，陈天桥是个理想主义者。此种观点的根据之一就是盛大在 2004 年以来的"家庭战略"。这个重大战略担负着陈天桥的个人理想色彩，那就是获得社会的更多认同和肯定。由于网络游戏遭到越来越多社会舆论的谴责，陈天桥也随之成为家长眼中的"罪魁祸首"，这与他想成为社会主流人物的初衷相悖，"他从来没有认为自己的生命中只有网游，他更想让整个社会承认他的价值"，陈天桥身边的人这样评价他。

除了陈天桥的个人理想色彩之外，盛大的突破还源于"非典"的启示。

2003 年，席卷中国的"非典"减慢了盛大网络的增长速度。盛大此前连续 6 个季度 20% 的复合增长和 100% 的年增长，因"非典"的突然降临大打折扣。这一"变故"

使盛大高层预先想到一个无法避免的商业难题：“如何持续保持高速增长？”盛大内部开始对此问题进行讨论。当时，盛大高层团队的意见并不一致，提出了两个发展方向：一是转向移动增值服务，因为2003年正值移动增值业务的井喷期，三大门户网站和各家专业无线业务运营商迅猛发展；同时，当时业界普遍预料3G时代即将来临，2004年年初会发放牌照。第二个方向是进行并购，拓展运营内容，由网游扩展至传媒娱乐。

围绕这两个方向，公司两派之间进行了激烈的辩论，甚至争吵。不过在两派主流意见之外，集董事长、CEO和总裁三职于一身的陈天桥提出了另一个意见——探讨将电视作为另一个游戏平台和互联网应用平台的可能性。

这就是陈天桥的“家庭战略”。在这个战略的背后，隐藏的是他的“网络迪士尼”梦想。他曾说，“迪士尼最初画米老鼠，但是迪士尼从未说过迪士尼只画米老鼠。同样，盛大以前做网络游戏，但是盛大从未说过一直做网络游戏”。他希望像迪士尼那样运作盛大。

关于这个“家庭战略”的出台过程，陈天桥回忆说：“在制定现在这套战略时，每天除了睡觉之外，几乎剩下的时间全都在思考该如何转型。”有一天晚上，他终于把大致的方案理顺，兴奋地给公司的高管们打电话，出乎意料的是，大多数高管都不看好这个方案。在后来高层讨论的会议上，总裁唐骏、副总裁陈大年均“拍桌子反对”。直到2004年下半年，在一次高层会议上，陈天桥神情严肃地下了死命令，“这个事情，现在不是做不做的问题，是谁不做、谁走人的问题”，公司内部的公开争论才逐渐平息。

经过不断的完善与突破，陈天桥对盛大的未来定位是互动娱乐媒体。“所谓互动，就是盛大将来不会仅仅立足于PC，而是随着电视进入家庭，随着3G手机的出现，在移动终端和电子终端上都可以为用户提供服务。所谓娱乐，就是盛大不会止步于网络游戏，我们会进入到音乐、电影领域。这些领域是互通的，既可以让动漫人物进入到网络游戏世界里来，还可以把网游里的人物故事拍成电影、搬上银幕。网游里还可以引入各种音乐。所谓媒体，是媒体的商业模式，现在的游戏是预付费的，今后的网游，可能是免费让你玩的，但是我们可以做广告，可以做电子商务，就像电子购物一样。”

创新启示

企业的发展战略是需要不断完善，逐渐实现突破的。没有任何一个发展战略是一成不变的，因为时代在发展，企业发展战略只有顺应时代的需求，才能为企业带来发展。

没有危机意识，才是最大的危机

盛大离死亡永远很近。

——摘自陈天桥答《解放周末》记者问

有人批评中国的企业家普遍危机意识不强，说：“在当今中国企业家中，真正把危机上升为一种企业文化高度的人不多，很多人只是说一说，做个样子而已，他们自己都不相信会有什么危机在前方等待。”高明的企业领导总是在高峰时便准备应付低潮。陈天桥正是这种领导。

曾有媒体采访唐骏，问他对陈天桥有什么看法或者评价。唐骏回答说：“陈天桥是在这个年龄段中，我见过的最有智慧的人，有远见，看问题比较深刻。比陈天桥聪明的人一定很多，但他有超强的商业嗅觉，也是个具有危机意识的人。一般这样的人对自己要求比较高，经常自省、进取，这跟盖茨很像。”唐骏的评价很到位，的确，陈天桥的忧患意识让人印象深刻。

陈天桥曾说：“2001 年之前，盛大每天都可能死去；在 2002 年，盛大每个月都可能死去；在 2003 年，盛大每个季度都可能死去。”忧患意识对他而言，就像是一支清醒剂。“‘盛大’的开始是抓住了‘机’，过程是解决‘危’，又将不断创造‘机’。”陈天桥如此评价盛大的发展。陈天桥始终是直面现实又憧憬梦想的清醒者。不断自我否定，并在自我否定中创造新的“机”，是盛大茁壮的决窍。

在外人看来，盛大资金雄厚，财务状况优良。按照陈天桥自己的描述，盛大没有应收账款，没有银行贷款，每天的现金收入超百万。当有人说盛大发展顺利时，陈天桥却极力反驳，他说自己每一年里都承担了别人十年的风险：遭遇过投资方突然撤资，遭遇过与合作伙伴对簿公堂，遭遇过黑客的大规模袭击……陈天桥一直很推崇比尔·盖茨“微软距离破产只有 18 个月”这句话中所体现的危机意识。

陈天桥的忧患不是杞人忧天，而是有根据的。家长老师们一谈到网络游戏，常常恨之入骨，盛大在社会公众中多为负面的形象。所以，舆论的压力一旦过了临界点，舆论就很有可能影响到政策的制定。除了政策风险之外，业务模式单一，竞争门槛过低，也是盛大面临的危机。陈天桥在短短几年时间里成为中国首富，他全部的利润都来自网络游戏。网络游戏的门槛本来就不高，又有盛大这样可模仿的成功模式，于是各种网络游戏公司在中国网游市场上竭力厮杀。虽然盛大有起步早的优势，但未来是难以预计的，形势是千变万化的。

在陈天桥看来，一家企业如果不能在快速竞争的市场中，始终保持小步快跑的速度，就会被人赶超，进入不死不活的状态，而不死不活其实比死更痛苦。忧患意识让他在危机面前保持清醒，远离盲目，一次次带领盛大跨越死亡线，让盛大这个最初的动漫社区，转变为一个网络游戏运营商，进一步成了一个拥有自主研发能力的网络游戏供应商。

创新启示

人无远虑，必有近忧。所谓高人，往往是比常人多看到两三步，多做了一点准备而已。危机意识是企业保持行业领先的重要决定因素。

第三章
盛大成功于管理

盛大只用三种人

盛大只需要三种人：好人、明白人和能人。

——摘自第二届网博会企业论坛陈天桥讲话

对于企业来说，人才的重要性是毋庸置疑的。只有用对人，才能促进企业的发展，才能让企业在竞争中不会落败。对于如何用人，陈天桥有自己的方式，那就是只用好人、明白人和能人。

当记者问陈天桥如何看待企业家与职业经理人的关系时，陈天桥回答："职业经理人可能会成为企业家，但企业家一般成不了职业经理人。企业家更强调一种责任心，他的付出和回报常常不成正比。为了企业的发展，企业家会全力以赴地投入而不计回报，但在管理技巧上却一般比不上职业经理人。职业经理人更多地在乎自己的付出与回报，如果职业经理人开始不计较这些东西，那他也开始转变成企业家了。"陈天桥在选择职业经理人时是以企业的利润为标准的。

企业在不同的发展阶段、不同的层面，需要不同的职业经理人。一般在初级阶段，企业可能不需要职业经理人。企业发展到了一定程度，在某方面的管理出现问题时，就需要找一个这方面比较有资质和经验的职业经理人来管理。选择职业经理人不能以个人的利益为导向，而应该以企业的利润为重。

许多业内人士对陈天桥的突出印象是“效率”，因为高效率才能获取高利润。陈天桥将这一思想渗透到盛大的方方面面，包括其用人风格。他曾公开表示：“如果有人掉队，我们会毫不犹豫地淘汰他。”一个企业可能会出现“关、停、并、转”现象，一个人也一样，也可能会“关、停、并、转”。如果“关、停”的人不走，那么企业就会“关、停”。那么如何让掉队的人走得毫无怨言呢，陈天桥如是说。

一个企业领导者的人格魅力很重要。你要让他们坚信，陈天桥是一个公正的、以企业利益为重的人，当你要他们离开时，他们才无话可说。当你是一个任人唯亲、一个不以企业利益为重的人，当你提出那样的要求时，一定会有人质问你：你陈天桥自己做得怎么样？像我这样的企业创始人，如果平时不注意自己的言行，不讲究公正，那么在处理这种问题时，就会面临非常尴尬的境地。

除此之外，他还表示：“我一定会坦诚地告诉对方，你的问题出在哪里。我们的上游公司，曾是我们公司 100% 的利润来源，但是当它的做法不符合合同的规定时，盛大也会依法提出诉讼。我们连自己利润来源 100% 的上游公司都可以起诉，何况是一名员工？如果他真的不适应这个团队的话，我绝不手下留情。”

在此基础上，陈天桥总结出公司的用人方略：“盛大只需要三种人，分别是好人、明白人和能人。”好人就是敬业，工作时需要兢兢业业，这是一个企业用人的前提；明白人就是职业，是知道所在岗位的职责和要求，了解自己的优势及发展方向，这是个匹配的过程（明白企业的要求和自己的要求是不是符合）；能人代表专业，实际上是从岗位技能角度考量的，就是明白人在合适的岗位上做出应有的贡献。

一般来说，公司留人的方式无非有三种：待遇留人、情感留人、平台留人。待遇留人的弊端是使员工养成惰性；情感留人的弊端是大家碍于面子工作，影响工作效率；平台留人最具有难度，因为企业关注的不是员工，而是自身平台的搭建。但是，这种留人方式往往是最为牢固的，因为员工之所以留下来，完全是因为只有在这个平台上才能收获更大的价值。

创新启示

人才对于企业的发展有重大意义，对于企业管理者来说，要做到正确用人。筑有金巢，肯定能引来金凤凰。引进人才并不是最终目的，关键是如何让人才发挥应有的作用。对于优秀的人才要培养、激励，对于庸才要毫不留情地清除。

像管理游戏一样管理公司

我们要像管理游戏一样管理公司，像服务用户一样服务员工。

——摘自陈天桥内部会议发言

企业管理者要想把企业管理好，就要有一套行之有效的管理模式，而对于陈天桥来说，这套行之有效的管理模式就是“游戏式管理”。

2007年8月，盛大开始在企业内部推行“游戏式管理”模式。盛大员工将像网络游戏角色一样，通过“练级”提升经验值，级别到了则“自动”获得晋升或加薪的机会。这种创新来源于一个颇为现实的追问：盛大本身就在管理一个虚拟社区，为什么把那个社区打理得井井有条，而在现实的企业社区中，却总会碰到各种各样的问题呢？对于这个问题的回答，陈天桥提出了以“人性、乐趣、和谐”为核心价值观的“游戏式管理”的概念，辅之以组织架构的调整、信息化系统的建设以及绩效体系的完善。他的口号是：“要像管理游戏一样管理公司，像服务用户一样服务员工。”

盛大员工介绍说，每个员工的经验值区分为“时间经验值”和“项目经验值”两部分，前者就像游戏里面一般的打怪升级，只要不犯错误，经验值就随着时间的推移自然增长；而后者就如同游戏里面的“做任务”“打副本”一样，以项目为依据拿到更多的经验值。“这样做，一方面加强了员工的责任意识，另外也鼓励他们充分发挥自己的才能，参与项目越多，对公司贡献越大，他们的经验值增长也就越快。”盛大高层表示。

陈天桥曾说，每年企业到了发奖金和谈晋升的时候，作为企业的领导者，他都无比痛苦，生怕不公平；而经验值是对员工表现和工作业绩的忠实记录，会让他变得不那么诚惶诚恐。“游戏式管理”实际上是一种量化管理。在西方的“六西格玛管理”上加了一层人性的、有趣的外衣。这是中国本土企业家在管理思想和管理实践上的一个创新，对当前以及未来的企业管理甚至社会管理都具有启发意义。陈天桥的话意味深长：“我们是在玩一场管理游戏。”

其实游戏式管理，在陈天桥心中一直追求的是“公平”概念。这个概念的背后有两层深意：一是优秀人才获得公平的成长环境，二是优秀人才获得公平的回报。对于盛大员工而言，前者是前提、过程，后者是结果。所以，在盛大，员工更愿意谈论的是自己的成长经历，而不是自己的薪水。早在2004年，盛大上市之后，很多去盛大公司采访的媒体就充分感受到了这一点。每一个公司上市的过程，就是在制造富翁的过程。新浪、搜狐、网易的上市制造了几百个百万级的富翁，盛大也是如此。但是自5月14日在纳斯达克挂牌后，盛大员工在接受采访时最讨厌的两个问题是：一是盛大上市后究竟制造了多少富翁，谁成为富翁；二是每个人的工资。

在盛大员工眼中，一个人的成长不单是财富的增加。与避谈财富和工资相反的是，盛大员工更愿意谈自身的成长，谈他们与盛大一起成长的经历和过程。盛大前期的发展速度非常快，员工必须跟上盛大前进的节奏，否则就会被盛大巨大的惯性甩在后面。很多人是在重压下发掘出了自己的潜力，在最短的时间内得到了超乎寻常的成长。“你想不掉队，就得学习提高，要不然你就会和盛大的发展脱节了。”

陈天桥曾说：“盛大的财富是我们培养了一批骨干队伍。我们有一支非常优秀的团队，兢兢业业，反应速度绝对一流。”这种团队的打造得益于陈天桥的“游戏式管理”模式。

创新启示

企业要想获得飞速发展，就需要有一套独特的、适合企业自身发展的管理模式。管理上要克服严肃呆板的传统管理样板，要让员工感觉不到束缚，代之以轻松愉快的心理感受，如此，每一名员工的才能才能得到最大程度的发挥。

盛大是文化企业

我们希望人们谈起盛大的时候，想到的绝不仅仅是网络游戏。盛大是一家文化公司，我们的目标就是互动娱乐媒体。

——摘自陈天桥公开演讲

“文化企业”是陈天桥对盛大的定位。国与国之间拼的是综合国力，企业与企业之间更多的也是综合实力的较量。市场对于每一个经营者都是一碗水端平的，陈天桥能想到的，任何一个对手也会想到，唯一的区别在于管理者对市场的前瞻性和敏感性。陈天桥从创办盛大的第一天起就没有将盛大限制在网游上。

2004 年 4 月初，陈天桥正式对外宣布，盛大进军广告传媒业，与三大门户网站展开网络广告市场的争夺。紧接着，又传出消息，盛大将进军中国台湾地区网络游戏市场。另外，盛大还将网络游戏落地，模仿迪士尼的主题公园推出了一次大规模活动：“游在杭州，论剑西湖——盛大游戏嘉年华”。

当时盛大正准备在纳斯达克上市，因此，这一系列动作被许多业界人士解读为盛大向美国投资者发出积极信号。在产业融合的大背景下看盛大的举动，盛大之所以大做广告，为进军“真正”的媒体领域做战略铺垫才是盛大出击的深层动因，因为盛大给自己的定位就是一个互动娱乐媒体企业。“我们的本质是媒体。”在盛大网络召开的广告战略发布会上，陈天桥坦言。

陈天桥曾在一次演讲中公开表示，“盛大”作为一家企业，一直将迪士尼作为学习目标，迪士尼给盛大的启迪是什么？盛大为什么要学习迪士尼？盛大并不想做动画片，也不想做主题乐园，这些都是形式。

“我们学到的是，迪士尼的核心诉求是乐趣，用乐趣延伸出多种多样的产品形态，而票房收入只占其中一小部分。所以，人们去迪士尼乐园并不是进去之后看迪士尼的片子，迪士尼乐园甚至还拥有自己的酒店。我们往往在看到肯德基的成功后会问，人家连一只鸡都可以做大，为什么我们不专注地做自己的业态？其实，真正的专注是基于对用户的核心需求和核心诉求的把握，并且围绕这种核心诉求追求多种形式的满足。这就是迪士尼带给我们的启示。游戏可以带来乐趣。基于公平参与、互动体验的规则，基于对人性的把握和对规则多变的考虑，我们会扩展到更多的领域，这就是我们所说的家庭战略。也就是我们把电影、音乐以及更多用户喜欢的东西进行互动化改造以后，交给用户，并以此获得他们对我们的回报。”

“几年后，我们希望人们谈起盛大的时候，想到的绝不仅仅是网络游戏。盛大是一家文化公司，我们的目标就是互动娱乐媒体。”在陈天桥的计划中，这个平台未来就要扮演一个“营销服务提供商”的角色，成为百款游戏乃至其他文化产品的运作平台。当竞争对手还在一门心思同盛大的游戏进行竞争的时候，陈天桥已经用高瞻远瞩的企业定位提前为未来的战场画好了坐标。胜利往往属于有准备的人，这也是盛大取得成功的重要原因。

创新启示

企业管理者要有国际视野，国际视野要求企业管理者不单单是做产品，还要做文化，很多时候，文化比产品更有竞争力。

12

第十二篇

傅盛：做好自我，才能走出去

第一章
产品要真正贴近用户的需求

| 产品设计，要做到尽可能简单 |

项目要想成功，产品设计一定要足够简单。

——摘自 2013 傅盛中国软件开发者大会讲话

企业要打造真正贴近用户需求的产品，产品设计就要尽量简单唯美。在这一点上，苹果为产品设计提供了典范，苹果以简单唯美的外观深受用户的喜欢，促进了“苹果帝国”的形成，而苹果的成功得益于乔布斯对简单唯美的极致追求。很多企业家都深受乔布斯这种产品打造理念的影响，都在追求产品设计简单。傅盛深受乔布斯这一产品设计理念的影响，并且按照这一理念来打造金山产品。

关于为什么要在产品打造的时候坚持“简单”，傅盛有自己的理解。他认为，产品设计要简单，主要有以下三个方面的原因。

首先是时代的变迁需要在设计产品的时候做到简单。现在已经不是工程师主导的时代，而是大众消费的时代。决定大众是否喜欢产品的，不是产品的性能，而是产品的外观是否漂亮，是否能够给用户提供简单的使用体验。在大众消费时代，人们喜欢用感官决定消费行为，消费者关心的不是产品怎么工作、怎么维修，而是产品的使用体验，这就决定产品设计要做到绝对简单。

其次是激烈的竞争环境需要产品做到简单。很多企业家都在寻找蓝海，但是在现代市场环境下，几乎已经没有蓝海。每个行业的竞争都是非常激烈的，面对这种激烈的竞争环境，企业要依靠简单来突围，从一个简单的地方发力，而不是追求大而全。

最后是简单思维能够确保成功。当今社会速度竞争关乎企业的生存，谁能在竞争中掌控先机，谁就能在竞争中取胜。因为依靠复杂思维来做产品，会导致最终生产出来的产品跟不上时代的发展，因此，简单才是解决问题的最好办法。

在这种理念的指引下，金山网络一直致力于为用户打造尽可能简单的产品。

猎豹浏览器就是其中的典型。在打造猎豹浏览器的时候，金山网络尽可能减少界面元素，给用户以简洁的感觉，同时，金山网络还在导航上下了很多工夫，放弃了浏览器常规的十大功能力求减化界面元素，减少按钮。金山网络还按照简单的思路打造了另外一款产品——手机毒霸，手机毒霸界面上只有两个按钮，在这两个按钮上放入了金山毒霸PC所有云端技术，可以让用户在简便的使用过程中获得愉悦的用户体验。

这就是傅盛打造产品的理念，在他看来今天市场上充斥着那么多产品，能够让消费者知道自己的产品已实属不易，让用户知道自己的产品是干什么的就更加困难。吸引用户的有效方法，就是为用户提供简洁好用的产品。

创新启示

产品设计不是越复杂越好，众多的功能按键会让用户迷失，让用户心情烦躁。简单唯美的产品往往能够赢得用户的喜欢，所以，企业在打造产品的时候要做到尽可能的简单。

产品打造要注重“前置体验”

以往的思路是做好产品，如今更像是“用户向你索要体验”，你要想法子把这种体验不断前置。

——摘自傅盛《光有体验还不够，用户需“前置体验”》

在移动互联网时代，企业应该用什么样的产品留住客户？很多企业经营者说要为用户打造提供完美体验的产品。傅盛却提出了一个全新的概念——前置体验。所谓的前置体验，就是把产品体验往前推。这种体验方式与以往不同的是，不再是做好产品，让用户来用，以获得用户体验，而是要想办法把这种体验前置。

傅盛强调的“前置体验”包含的一个要点：不要关注自己干了什么，而要关注用户感受到了什么。在傅盛看来，很多人在打造产品的时候往往会停留在自己在干什么，而没有考虑用户需要什么。这种做法是错误的，应该优先考虑用户需要什么，然后完善自己的产品，在金山团队打造猎豹浏览器的时候，就体现了傅盛的这一理念。

在打造猎豹浏览器的时候，傅盛想让产品团队在首页左上角增加一个“天气预报”的栏目，但是产品团队告诉傅盛加不了，并且说还有很多其他的事情要做。因为他们认为自己现在所做的才是最重要的。傅盛告诉产品团队，天气预报、PM2.5关系到用户的切身利益，是用户关心的问题。在他的坚持下，猎豹浏览器页面增加了天气预报，这个小小的功能起到了非常好的效果，让浏览器的点击率提高了50%。

天气预报功能的添加，就是傅盛在打造产品的时候注重“前置体验”的表现。除此之外，傅盛还强调，要把精力花在用户真正的体验点上，而不是自己擅长的东西上。

猎豹浏览器有个隐私模式，这个功能非常重要，但是没有人知道隐私模式放在哪个位置，以致用户没有办法进行点击。傅盛给出的解决方法是站在用户的角度思考问题，增加一个弹窗告诉用户有隐私模式功能。傅盛认为做这么一个弹窗，工作量只有做隐私模式的十分之一，但是给用户带来的却是数倍的体验。

在傅盛“前置体验”理念下，金山打造了一款款深受用户喜欢的产品。实质上，傅盛站在用户的角度思考问题，打造产品，关注的正是用户体验。既然是体验，为什么要强调“前置体验”呢？因为在傅盛看来，现代用户使用产品是“用户向你索要体验”，企业打造产品唯有在打造产品之前，或者在打造产品的过程中考虑到用户的需求，依照这种需求来完善自己的产品，因而深受用户的喜欢。

创新启示

互联网产品要贴近用户的需求，只有这样才能得到用户的喜欢。所以，企业在打造产品的时候，要站在用户的角度思考问题，看他们最需要的产品功能有哪些，并依靠这些需要来打造产品，只有这样才能打造出符合用户口味的产品。

注重安全：高档的别墅公寓同样要装门

安全是一个永恒的话题，像你搬到一个高档的别墅公寓，你不要装门吗？也要装。

——摘自 2013 年全球移动互联网大会傅盛讲话

进入移动互联网时代后，随着移动 App 的井喷式发展，安全也越来越受到用户的重视。此时，如果能够为用户打造一款实用的安全防护产品，就能深受用户的喜欢。在移动互联网时代，傅盛更加看重安全产品的打造，正如傅盛所说“高档的别墅公寓同样要装门”。

随着移动互联网的不断发展，病毒开始在移动互联网市场出现。移动互联网的安全关乎用户的利益。于是，金山在做安全产品上不遗余力，力求为用户打造完美的安全产品。金山手机毒霸就是最具代表性的产品。

金山手机毒霸是首款 App 行为管理软件，专注于手机应用的行为分析及管理。它是建立在首创的 Java 虚拟机拦截技术之上的，在行为触发前就能实施拦截，更精准、更深入地管理软件恶意及高危行为。因此，用户可以轻松禁用恶意弹出广告、查杀最新手机病毒、拦截恶意行为、监管高危隐私漏洞，保障资费安全、隐私安全，不受恶意广告骚扰。

傅盛对做安全产品情有独钟，在做安全软件的时候，金山真正做到了贴近用户的需求，不再在用户面前强调技术的强大，不再宣传有多少防御点，而是在安全软件贴近用户需求方面花了很多的工夫。金山在做安全产品时做过一个“看片不中毒”的功能，只要是用户在金山毒霸或者猎豹浏览器上看视频，怎么看都不会中毒，解决了用户看视频害怕中木马病毒的危险。这个功能推出以后，受到广大用户的好评，用金山毒霸或者猎豹浏览器看视频的用户大量增加。

傅盛认为，互联网的安全不仅仅指的是病毒问题，更多的是盗版和被重新打包应用，在这种情况下，盗版和被重新打包应用的产品以假冒 App 形式出现，商家会在这款 App 里植入广告和插件，用户下载使用这款 App 后手机会存在一定的风险。为了解决这一问题，金山手机毒霸推出了一款 App 安全产品。利用这款 App 产品，金山还抓到过一个专门做盗版和隐私上传的集团。

金山网络推出的一系列安全产品，旨在为用户提供安全健康的上网环境，打造 App 安全使用环境。这些安全产品真正贴近了用户的安全需求，所以深受用户的喜欢。所以，企业在打造安全产品之前要站在用户的角度思考问题，关注他们最关心的问题。

创新启示

在移动互联网时代，用户更加关注安全问题，专注于做网络安全的企业要打造符合用户内心需求的安全产品，要从各个方面解决用户上网、下载和使用移动 App 的时候遇到的安全问题。

第二章 管理三段论：目标简单 + 路径清楚 + 资源有效

目标要简单到“极致”

目标有一个非常重要的特点，叫“极简”。任何人都能听懂的目标才是靠谱的目标。

——傅盛管理三段论之目标要简单

目标对于企业员工来说是最大的激励，给员工一个值得为之努力的宏伟目标，比任何物质奖励都更具有鼓励作用，也比任何精神激励都更有效。只有当人们明确了自己的行动目标，并把自己的行动与目标不断对照，知道自己前进的速度并不断缩小到达目标的距离时，其行动的积极性才能得以持续。因此，企业经营者要为员工制定目标，依靠目标来提升员工工作的积极性。不同的企业经营者会创建不同的目标，在傅盛看来，目标要做到“极简”。

做企业并不难，关键是要确立一个目标，并且这个目标要尽可能简单，简单到任何人都能懂。在傅盛看来，唯有这样的目标才是靠谱的目标。

简单的目标具有力量，能够产生动能，我们时常听到团队成员这样表述：为了达成目标，我愿意付出我所有的精力。一个有着简单目标的组织必然会有所成就，而目标复杂表述不清晰的团队将会一事无成。

企业目标的简单在于其可测性。这就像我们到郊外的河流中游泳，如果这个河流的深度不能被我们所带的工具测量，这就会打击游泳技术不好的人的信心；如果我们的身高有一米八，而河水的深度被我们测量出只有一米六，我们的安全感就会上升很多。可测量的目标就是明确的目标，这样的目标能够增强员工的信心，激发员工的斗志。

然而，很多企业管理者往往会忽略了这一点。尽管大部分领导，都知道自己有责任为团队制定目标，却不知道如何使目标清楚明确，如何将目标落实到团队成员的行动中去。目标清楚明白，大家才知道团队追寻的方向，才能使团队知道自己的工作进度，才有激发团队成员的热情、好奇心、活力、创造力与能力的原动力。目标清楚明白源自于哪里，源自于傅盛所强调的目标要“极简”。

一个简单的目标会使个体提高绩效水平，也能使团队充满活力。简单的目标可以促进团队的沟通，有助于团队成员合理安排自己的精力。所以，企业管理者不能让目标复杂化，而是要让员工明白自己要沿着什么样的道路前进，要具体达到什么样的效果。要做到这一点，企业管理者就要在制定目标时使目标具有可实现的价值，要有清晰明确的方向。

创新启示

制定合理的目标对企业经营有着巨大的指引作用。因此，企业经营者必须始终牢记决策的目标到底是什么。目标是不可以凭理想和主观愿望去制定的，任何过高、过急和不切实际的目标，都将对企业产生巨大的危害。经营者制定的企业目标，要做到简单清晰，这样才能切合实际，具备操作性。复杂难懂的目标与现实脱节，会变得毫无意义。

要低头拉车，更要抬头看路

没想清楚路径，就投不进去人，也就很难做出卓有成效的工作。

——傅盛管理三段论之路径要清晰

目标对于企业的发展具有重大作用，此外，企业管理者还应该关注策略，没有合适的策略，企业要想实现目标就非常困难。企业要想打造完美的经营策略，就要想清楚路径，也就是发展策略，这就是所谓的“要低头拉车，更要抬头看路”。

对于路径，傅盛有自己的理解：“路径要根据目标来，而不能根据以往习惯来。”经营企业要在目标确定的情况下做好策略，而不是盲目为目标奋斗。目标的实现是需要策略的，并且要把这种策略思考清楚。对这一点傅盛深有感触。“确立体检目标后，你可能需要在交互设计和用户感知点下工夫，甚至思考怎么把这个体检功能做得再简化一点。”这些都是路径，都是策略。傅盛的路径理论是在告诉企业经营者，要想做出有成效的工作，就要先认真思考。

为什么要思考？傅盛说：“只有结合目标深入思考每一个路径，把路径梳理清楚了，资源才配得上。”也就是说，只有在路径的基础上才能得到合理配置资源，才能利用资源实现要达到的目标。

傅盛的路径理论告诉企业经营者，在经营企业的过程中不要一味求快，要从实际情况出发，在正确、科学的理论的引导下，按照规律办事。如果非要蛮干硬顶，结果不仅无助于解决事情，反而会使事态进一步恶化。

中国有句古话叫“欲速则不达”。虽然加快发展是每一个企业追求的目标，但是如果缺乏理性的态度，以浮躁的大踏步思维来拔苗助长，那就需要反思了。对每一家企业来说，成长都有其独特的客观规律，必须尊重而不能超越。如果心浮气躁，盲目求快，非但不能促进企业的发展，反而会阻碍企业的发展。企业在发展的时候不能总是盯着目标，要仔细思考用什么样的策略来实现目标、经营企业。

“要低头拉车，更要抬头看路”强调的是企业在实现目标的过程中要踏实肯干，同时也要讲究实现目标的策略。伟大的事业都是在埋头苦干中得来的，企业经营需要一件件干，没有扎实工作、艰苦努力的过程，就不会得到预期的效果。只有埋头苦干，企业才能取得发展，才能在竞争中占据优势。但是，埋头苦干并不能解决所有的问题，如果策略方式不对，埋头苦干就不能取得良好的效果，因此，策略对企业发展具有重要作用。

创新启示

互联网企业需要制定目标作为发展的方向，在方向的指引下，企业需要发扬埋头苦干、低头拉车的精神。同时，在向目标迈进之前，企业要思考好实现目标的路径，思考好企业发展的策略，要“抬头看路”，这样才能让资源得到有效运用，最终实现企业的发展目标。

投入有效资源

我们不过是把一个极其简单的目标想得清清楚楚，把路径梳理得明明白白，在每个点上都投入了资源，最终铸就了一个居高临下的高地。

——傅盛管理三段论之资源投放

确定目标后，企业要做的就是投入有效资源。在傅盛看来，在确定好做什么的时候，唯有在每个点上都投入资源，才能打造出优良的产品。唯有倾其资源做产品，才能提高效率、降低成本，为企业创造更大的价值。企业管理的一个根本任务，就是不断降低成本。要想做到不断降低生产成本，企业就要投入有效的资源。

投入有效资源就是指完全将资源集中于成果是最好的、最有效的成本控制。金山网络在打造产品的时候经常奉行这一思想。

傅盛看出做清理手机垃圾工具软件的前景，于是动用了一切能动用的力量，全力以赴做这款软件。为了做好这款产品，金山投VP、投员工、投外部资源。为了集中资源做这款软件，傅盛把其他组都拆散了，甚至暂停了一些公司业务。虽然在打造这款产品的时候遇到了很多困难，也调动了很多资源。但是金山人明白，将资源集中在正确的目标上是正确的。

经过一年的时间，猎豹清理大师在各条战线上都获得了强劲的增长。关于为何这款产品能够成功，傅盛说："没有谁能集中公司几乎全部的精力去做，这才叫真正的门槛。只要想清楚自己的目标，然后投入资源去做，就能收到良好的效果。"

投入有效的资源是为了降低公司的运营成本，如果经营者把资源用在无关紧要的事情上，无疑是一种浪费，这样做不利于提高企业的经营效率。效率的真正含义是将正在做的事情做得更好一些。这意味着管理者要集中注意力做有效的事情。要想做到投入有效资源，经营者就需要从全局出发，依靠全局性战略来提高运作效率。

有能力投入有效资源，是卓越领导者提高利润所采取的重要方法之一。从这个角度上说，投入有效资源应该是管理者的重要职责，并应将能否做到投入有效资源作为衡量自己才能高低的标准。但是，很多管理者并没有意识到这一点，他们往往会等到经营形势极其严峻的时候才恍然大悟。

如果企业经营者不能把资源都投入到有效的事情上，肯定会造成资源的浪费，这对企业的发展是极为不利的。投入有效资源要求提高每一项工作的生产效率，能否做到投入有效资源是企业在激烈的市场竞争中成功与否的基本要素。投入有效资源不仅要开源节流，还要充分调动一切资源来完成目标。

创新启示

对于企业经营者来说，不能产生经济成果的资源投放都是浪费。企业管理者要做的是将资源集中于目标，进行最有效的控制，这是许多成功企业获得非凡成就的法宝。

第三章 大公司可以常青，小公司也能成功突围

自我攻击是大公司保持活力的重要手段

不得不说，自我攻击是大公司持续保持活力的重要手段。

——摘自 2014《罗辑思维》傅盛谈话

很多大公司在发展的过程中，常常会抓住以前的优势不放，不肯摧毁自我优势。在傅盛看来，这样的做法是不正确的，他认为大公司要想保持基业常青，就要敢于自我攻击，正如他所说："若想保持经久的繁荣，大公司必须到达顶峰之后走一段下坡路，把已有的优势摧毁掉，才能爬到另一座更高的山上去。"

傅盛在打造猎豹清理大师的时候，金山在中国市场已经有了相当的竞争力，并且金山已经对国内市场相当熟悉，在国内推行猎豹清理大师是最明智的选择。但是，傅盛钟情于自我攻击的企业经营策略，猎豹清理大师避开了国内市场，从海外市场切入。虽然在这个过程中，猎豹清理大师被竞争对手不停地弹窗、卸载和打击，猎豹清理大师面临着前所未有的以攻击为核心的竞争对手。但是，金山并没有与竞争对手展开恶性竞争，而是选择从对手的薄弱地带切入，依靠独辟蹊径的战术来突围。这种自我攻击的战术，为猎豹清理大师的发展带来很大的推动作用，猎豹清理大师超过 twitter、line 等国外很受

欢迎的应用，取得了在 Google play 工具榜排名全球第一、总榜排名全球第五的成绩。

猎豹清理大师的成功是金山网络自我攻击模式下成功打造产品的典型，这种成功告诉企业经营者，企业在打造产品的时候，要懂得自我攻击，不能总是抓着自己的优势不放，特别是互联网公司，更要在发展的过程中做到这一点，正如傅盛所说："如果想真正成为一家互联网公司，一定不是简单地把产品放在互联网上，而是要用互联网的思维和方法真正改造整个组织。"这种改造就是要依靠自我攻击来完成。

微信同样是自我攻击之下打造的完美产品。微信的出现为"腾讯帝国"的稳固发挥着重大作用，微信是腾讯的拳头产品，有超过六亿的用户。但是，微信的出现把腾讯内部攻击得七零八落，以前最大的无线事业群基本变成了负责安全业务的部门，原先的体系几乎被打破。如果腾讯领导层没有自我攻击的勇气，那么就不可能有今天成功的微信。

所以，大公司要想获得持续的发展，就要有勇于打破自我的勇气，而不是抓着自己的优势不放，要敢于从薄弱的环节入手，打造优势产品。很多时候，自我攻击下打造的产品是具有颠覆性的，也是最有竞争力的。

创新启示

大公司要想保持基业常青，就要有自我攻击的勇气。优势很多时候可以促进公司的发展，但是有时候会阻碍公司的发展，让公司陷入以往的模式里不能自拔。公司往往需要自我颠覆的魄力，依靠自我攻击来打造产品。

立体化竞争更具竞争优势

移动互联网的战争，已经演变成为了一场融合了品牌宣传、渠道建设、市场运营、团队作战的立体战争。

——摘自傅盛《谈移动互联网的竞争》

在以前，互联网公司依靠单一的一款产品就能取得成功。但是到了移动互联网时代，这种依靠一款产品就能在竞争中取胜的做法已经变得不现实。现在的市场竞争，更加强调的是立体战争。

正如傅盛所说："移动互联网的战争，已经演变成为了一场融合了品牌宣传、渠道建设、市场运营、团队作战的立体战争。"傅盛认为，新时代的企业竞争要用多方面并重的打法，不能有明显的软肋。傅盛还强调，现在更是应验木桶理论，短板决定败局的时代。

众所周知，一只木桶盛水的多少，并不取决于桶壁上最高的那块木板，而取决于桶壁上最短的那块木板。人们把这一规律总结成为"木桶定律"或"木桶理论"。根据这一核心内容，"木桶定律"还有三个推论：其一，只有当桶壁上的所有木板都足够高时，木桶才能盛满水，只要这个木桶里有一块木板不够高度，木桶里的水就不可能是满的；其二，比最低木板高的所有木板的高出部分是没有意义的，高得越多，浪费就越大；其三，要想提高木桶的容量，应该设法加高最低木板的高度，这是最有效也是唯一的途径。

对一家企业来说，企业在经营的各个环节往往是参差不齐的，而劣质的部分往往又决定了整个营销的效果。这就要求在营销的过程中要顾及各个环节，不能顾此失彼。在移动互联网时代，这种立体化战争表现得更为明显。这也是傅盛强调移动互联网时代的战争是立体战争的重要原因。

在傅盛看来，现在的竞争光靠一个产品是不能独打天下的，产品打造固然重要，还必须重视市场宣传和渠道。如此才能形成立体化的竞争优势。猎豹浏览器就是傅盛立体化竞争战略的重要体现。

猎豹相对于百度并不领先，傅盛深知这一点。但是，为了赢得竞争优势，傅盛在打造猎豹时专注于简单和深入，为了实现产品的立体化竞争优势，金山做到了全员客服，做到了新媒体传播。如金山打造的猎豹视频，在网上的播放量超过了600万次，很多热门电视剧都没有这么高的播放量，这就是立体化做法带来的效果。

傅盛的立体化竞争理念对现代互联网企业竞争是有很大好处的，因为现代的竞争单单依靠一种方式就想取胜已经是不可能的了，必须实现立体化协同作战。

在移动互联网时代，任何一个系统都不可能是尽善尽美的，都或多或少地存在着某些“短处”，对于这些“短处”有些管理者往往将其捂在内部，藏起来，冷处理，如此下去，“短处”势必会掩盖住“长处”，成为危及整个系统的“炸弹”。正所谓“人无完人”，对于这些薄弱环节，企业管理者不能视而不见，而是要把短处发展起来，在立体化竞争中取得优势。

创新启示

在移动互联网时代，企业单靠一种产品已经不能在竞争中取得优势而应当看重立体化作战，在保证产品质量的同时，还要做好品牌宣传和渠道建设，同时还要在市场运营、团队作战等方面下工夫。只有各个方面实现完美协调，才能在竞争中取胜。

每个成员都要具备互联网的结点能力

互联网的组织化并不是自上而下的等级划分，而是每个成员都要具备互联网的结点能力。

——摘自 2014《罗辑思维》傅盛谈话

互联网企业要想取得发展，组织是不可缺少的因素，因为任何一家公司都要靠团队打天下。但是组织化是不是要按照等级来划分，不同企业管理者有不同的看法。更多的企业经营者衷爱用等级来划分组织，但是在傅盛看来：“互联网的组织化并不是自上而下的等级划分，而是每个成员都要具备互联网的结点能力。”

傅盛的这一观点对企业管理者来说有积极的意义。传统的自上而下划分等级的组织存在弊端，容易让上下级之间产生距离。同时，团队越大越不利于提高效率，这时就需要小团队来完成工作，因为每一个小团队还能实现自我管理。傅盛为什么要强调每个人的节点能力，而不是大团队作战，这源于他对互联网的认识。

> 互联网最大的优势在于不断缩短产品到组织内部的反馈路径。一旦新产品上线，小组内的任何一个人在第二天就可看到用户的反馈信息，看到他人是赞美你还是辱骂你。我们能够以非常短的路径获取信息，每一个结点都能保证充分的活力和创新。

在这种缩短产品到组织内部的反馈路径的情况下，大团队作战往往会降低企业运营效率，而小团队作战的效率凸显，个人作战变得更为灵活，也更加具有时效性。基于这种认识，傅盛在公司内部做了一件很重要的事情，那就是让公司架构不断小组化，尽量避免庞大组织的出现。让每一个小团队都有一个清晰的目标，都能实现自我管理，并且让每一个团队中的成员都要有节点的能力。

傅盛“每个成员都要具备互联网的结点能力”的理念告诉了企业管理者一种企业组织改造方式。对企业进行组织结构调整，能够使企业进一步释放生产力，强化战略管理能力，在优势领域深耕细作，扩大市场份额，拉大同竞争对手之间的差距。但是，如果组织结构调整落后，战略执行将遭受众多羁绊。在互联网时代，企业更加注重的是小组织作战的能力，因为大型组织结构复杂、人员众多，一旦出现问题将很难进行调整，这将大大影响公司运营的效率。所以，小组织作战或者单兵作战的效果就会马上凸显出来。

所以，在移动互联网时代，企业经营者要充分相信你的员工，做到充分授权，让每一个小团队、每一个员工都有结点的权力。如此，企业的业绩才会蒸蒸日上。

创新启示

在移动互联网时代，企业经营者要善于打造自己的团队，要将团队的组成趋于简单化，甚至提倡单兵作战。这样才能快速反应，及时做出决策，在竞争中取得先机。

好书推荐

基本信息

书名：《大融合：互联网时代的商业模式》

作者：【美】鲍勃·罗德（Bob Lord）

　　　【美】雷·维勒兹（Ray Velez）

定价：49.00 元

书号：978-7-115-37625-1

出版社：人民邮电出版社

出版日期：2015 年 1 月

推荐理由

★ 世界最大的数据营销机构、移动互联网时代最强大的商业模式改革者——睿域公司前任全球 CEO 以及现任全球 CTO 合著。

★ 总结了思科、奔驰、谷歌、微软、亚马逊、苹果等科技创新型企业所推崇的融合理念。

★ 帮助普通企业画出了商业融合路线图，指引企业创造极致客户体验，抓住下一波创新机遇。

媒体评论

《大融合》很好地解释了为什么营销和科技以前所未有的态势交织，你的企业该如何做才能更好地适应这一趋势。如果你的工作是代表品牌进行沟通，如果你正在寻找互联网时代的创新商业模式，让企业在市场秩序被打乱的时代繁荣发展，那么这本书就是为你准备的。

蒂姆·阿姆斯特朗　AOL 公司主席兼 CEO

我们正处于科技和营销相互交融的时代，作为 CEO，我知道理解和适应这种强大的变化是至关重要的。《大融合》不仅仅解释了诸如大数据、云计算、普适计算等最新科技手段的价值；还解释了领导者该如何赋予团队持续发展的力量。它应该会引发一些非常有意义的交流。

山塔努·纳拉延　Adobe 公司总裁兼 CEO

《大融合》展示了建立在合作创新基础上的未来视角，通过剖析 AXE、奥迪、奔驰、亚马逊、苹果公司、谷歌等企业植入融合性思维、带来市场新秩序的过程，展示了令人信服的未来图景，那时创意与科技相互交融，大数据成为最有力的武器。

保罗·肯普罗宾逊　*Contagious Communications* 杂志共同创办人兼主编